連結経営実現のための キャッシュ・マネジメント・システム CMS
Cash Management System

福嶋 幸太郎 [著]

一般社団法人 金融財政事情研究会

はじめに

　1990年代末まで、日本企業の制度会計は親会社の財務諸表を重視する親会社中心主義であった。しかし、バブル崩壊後に破綻企業が増加し、日本がグローバル経済社会で生き残るため、1996年から日本版金融ビッグバンで会計制度が見直され、2000年から連結決算主体の制度会計へ移行した。

　このような変化を受けて、企業経営者は親会社の業績ではなく、グループ企業全体の業績を市場から評価されるようになった。企業経営者は経営戦略を明確化してグループ全体で相乗効果を発揮し、グループ企業を一体的に運営する連結経営が求められた。そしてその経営資源の状況を素早く正確に把握するため、企業財務面でも連結経営基盤を構築する必要性が高まった。

　連結経営実現のため、財務面での連結経営基盤を構築するには、グループ全体で多数の会社が参加してCMS（キャッシュ・マネジメント・システム）を導入し、海外子会社を含めて全世界的なGCMS（グローバル・キャッシュ・マネジメント・システム）を導入することがひとつの解決策である。しかし、CMS・GCMSを導入して運用さえすれば、グループ全体の効率的資金一元管理や銀行手数料の削減を実現できるわけではない。

　本書の目的はCMSの運用にあたって解決すべき法的論点を指摘し、これらをどのように解釈するのか、また留意すべき課題は何かを明らかにすることにある。また、CMSの運用実態を把握するために企業財務責任者の方々へインタビュー調査（14社）を実施し、その結果発見できたCMSの運用事例や課題を明らかにすることにある。そして、CMSのメカニズムを多面的に考察することを通して、CMSの経済合理的な運用に貢献することにある。

　本書では、連結経営を実現するグループ企業において、キャッシュ・マネジメントはなぜ必要とされてきたのか、という歴史的経緯を概観することから始め、全体を通して、CMSの各機能が財務面での連結経営基盤の役割を果たしていることを明らかにしたい。

そのために、著者が半構造化インタビュー調査を行い、一般的には情報公開されにくい個別企業のCMS・GCMSの運用実態調査をまとめることにした。具体的には、14社の国内CMSの運用開始時期、インハウスバンクの担当組織、CMSアプリケーションの提供元、国内CMSの提携銀行、インハウスバンクのスプレッド、設備投資資金を扱う長期CMS、CMSによる連結総資産圧縮状況、CMS機能の採用状況、CMSの運用課題とその対応策、GCMSの運用課題の10点について、個別企業のCMS運用実態・課題を明らかにした。

　そして、CMSの主要機能であるキャッシュ・プーリングのメカニズムと運用課題を取り上げて、その本質、経済的効果、オートマティック・キャッシュ・フローへの対応、出資法および貸金業法などの法的論点と解釈、長期CMSについて、その運用課題と対応を明らかにした。

　次に、CMSの機能であるネッティングの本質、債権債務差額の相殺（第一法）、貸借勘定付替えによる債権債務の相殺（第二法）、そして実務でも十分知られていないCMS口座統制による債権債務の相殺（第三法）について、その運用課題と対応を明らかにした。そして、CMS支払代行とCMS回収代行の本質、その経済的効果と内部牽制、運用課題と対応をまとめた。

　そして、海外でのCMS運用に目を転じ、GCMSの本質、外国為替法の変遷、アクチュアル・プーリングとノーショナル・プーリング、GCMSの運用課題と対応を明らかにした。そして、CMS・GCMSは連結経営を実現する財務面での連結経営基盤であり、その法的論点はほぼ解決されたこと、オートマティック・キャッシュ・フローはさまざまな企業努力により完全ではないものの、ほぼ解決可能であること、東南アジアでのGCMSの運用課題はなぜ企業努力によって解決できないのかを明らかにした。

　著者は1997年10月から1999年3月までの1年半の間、民間企業において、グループ・ファイナンスの仕組みをCMSに発展させるプロジェクトを運営し、1999年4月から同グループ60社でCMS運用を開始した。そして、その後もCMSの運用実務に携わる経験を得た。本書は、今後新たにCMSの導入

ないしはリ・エンジニアリングを検討されている企業財務担当者の方々、CMSの開発や運用にご関心がある銀行関係者の方々、グループ経営を研究テーマとされている研究者の方々にお読みいただけることを想定して書き下ろした。また、本書は初めてCMSに触れられた方々にも理解しやすいように、可能な限りわかりやすく解説することを旨とした。

著者は、CMS開発・運用で得た知見をもとに、2001年3月に同志社大学で法学修士論文「キャッシュ・マネジメント・システムの理論と法的問題点の検討」をまとめ、2018年3月に京都大学で経済学博士論文「連結経営基盤キャッシュ・マネジメント・システムの運用課題と対応に関する研究」をまとめ、その後本書を出版させていただくことになった。

京都大学大学院でご指導いただいた徳賀芳弘教授・澤邉紀生教授ならびに両教授の研究会に参加された先生方に深く感謝申し上げたい。また、CMS実態調査にあたって調査票にご回答していただき、インタビュー調査にご協力いただいた企業財務責任者の方々33人の皆様へ感謝申し上げる。

そして、本書を刊行する契機を与えていただいた松山大学掛下達郎教授、関西学院大学岡村秀夫教授、公益財団法人日本証券経済研究所若園智明主任研究員、株式会社きんざい出版部堀内駿氏に、心より厚く御礼申し上げる。

2018年11月

福嶋　幸太郎

CONTENTS

第1章 キャッシュ・マネジメント・システム（CMS)とは何か　1
- 第1節　本書の目的 ……………………………………………………………………2
- 第2節　本書の構成と概要 …………………………………………………………19

第2章 CMS・GCMSの運用実態調査　23
- 第1節　CMS・GCMSの機能概要 …………………………………………………24
- 第2節　調査方法 ……………………………………………………………………27
- 第3節　インタビュー調査の発見事項 ……………………………………………29

第3章 キャッシュ・プーリングの経済的効果と運用課題　45
- 第1節　キャッシュ・プーリングの本質 …………………………………………46
- 第2節　キャッシュ・プーリングの経済的効果 …………………………………57
- 第3節　オートマティック・キャッシュ・フローへの対応 ……………………62
- 第4節　出資法および貸金業法の論点と解釈 ……………………………………66
- 第5節　その他の法的論点と解釈 …………………………………………………69

第4章 長期CMSの運用課題　81

第5章 ネッティングのメカニズムと運用課題　89

- 第1節　ネッティングの本質 90
- 第2節　第一法債権債務差額の相殺 95
- 第3節　第二法貸借勘定付替えによる債権債務の相殺 100
- 第4節　第三法CMS口座統制による債権債務の相殺 105
- 第5節　ネッティング各手法の長所と短所 108

第6章 CMS支払代行とCMS回収代行のメカニズムと運用課題　115

- 第1節　CMS支払代行の本質 116
- 第2節　CMS回収代行の本質 124
- 第3節　CMS支払代行・CMS回収代行の経済的効果と運用課題 127

第7章 GCMSの運用課題　131

- 第1節　GCMSの本質 132
- 第2節　外国為替法の変遷 136
- 第3節　アクチュアル・プーリングとノーショナル・プーリング 149
- 第4節　GCMSの運用課題と対応 152

おわりに 156
参考文献 161
Appendix（14社のCMS事例、先行研究調査　ほか）................................ 169

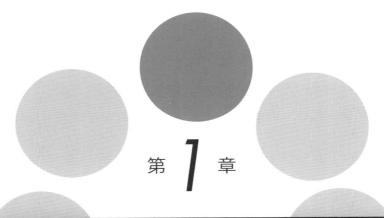

第 1 章

Cash Management System

キャッシュ・マネジメント・システム（CMS）とは何か

第1節　本書の目的

　1990年代末まで、日本の企業会計制度は、親会社の財務諸表を重視する親会社中心主義であった。つまり、親会社の財務諸表を良く見せるために親会社の財務諸表を重視して、子会社の財務諸表を軽視してもやむをえないという風潮があった。その結果、子会社は、親会社のために含み損のある不良在庫・有価証券・不動産等を保有するケースが存在していた。

　1990年3月の大蔵省通達による不動産融資総量規制（不動産向け融資の伸び率を総貸出の伸び率以下に抑える金融機関に対する行政指導）や日経平均株価の急落を契機に、金融機関の担保となっていた不動産価格が下落し始めた。そして、投資目的で土地や有価証券を保有するために多額の融資を受けていた企業が経営破綻し、日本の金融機関は多くの不良債権を抱えることになった。これが、日本のバブル経済の崩壊である[1]。

　その後、不動産融資の不良債権化による三洋ファイナンスの経営悪化が原因となり、1997年11月に親会社の三洋証券（準大手証券）が会社更生法を申請し、経営破綻した。その結果、日本コール市場初のデフォルト（債務不履行）が発生した。この際に、大蔵省は救済から破綻容認へ方針転換し、無条件では金融機関を救済しないことを示す事例となった。

　そして、不良債権の「飛ばし」[2]や、ペーパーカンパニーを通じたカブトデコムへの約3000億円の融資をしていた北海道拓殖銀行は、同年同月清算を発

1　1989年12月29日（大納会）に付けた日経平均株価38,915円が日経平均の史上最高値で、株価収益率（PER）は60倍超と60年分の利益を先取りした株価を付けた（この時期欧米のPERは10倍台）。1990年の大発会から株価が下落に転じ、1990年10月には一時2万円を割って、史上最高値の半値まで急落した（「日本経済新聞」（朝刊）2017年11月18日）。
2　株式など金融商品で生じた損失を企業決算で表面化させないよう、決算期をまたいで一時的に他の企業やファンドに売却し、決算後に高い金利を付けて、その相手から買い戻す方法である（同上）。

表して経営破綻した。これは、第二次世界大戦後初の都市銀行の経営破綻であった。現在のように、連結決算重視で金融商品の時価評価が適用され、社外取締役がその役割を発揮してコーポレート・ガバナンスが機能していれば、これは防げたかもしれない。

　そして、北海道拓殖銀行の経営破綻から1週間後、創業100年で四大証券の一角を占めた山一證券が、自主廃業を大蔵省へ申請した。山一證券は、一任勘定・運用利回り保証・損失補填という法令違反を継続しており、顧客の損失を引き受けてペーパーカンパニーに不良債権を飛ばすことで、その損失を隠す粉飾決算を行っていた[3]。これら3件の経営破綻はいずれも1997年11月に発生しており[4]、日本の金融システムは大きく揺らいだ。また、第二次世界大戦後の日本の金融行政の基本にあった護送船団方式が、崩壊した事件でもあった。

　一方海外では、1997年7月にヘッジファンドがタイ・バーツを大量に売り浴びせたことを契機に、バーツが急落した。そして、タイ企業のドル債務のバーツ換算額が急拡大し、莫大な為替損で企業は債務不履行となり、銀行は大きな不良債権を抱えて、通貨・金融危機に陥ってしまった。これは瞬く間にインドネシア・フィリピン・マレーシア・韓国などに拡大し、各国はIMF等の金融支援を受けることになった。これらの出来事から、1997年は国内外同時に大きな金融危機が生じた時期であった。

　翌年の1998年10月、戦後日本の鉄鋼・電力・石炭・海運の4重点産業を中心に、設備資金等長期資金の安定供給を担っていた日本長期信用銀行が、国有化された。日本長期信用銀行は、日本リース[5]を不動産融資の窓口にして

3　山一證券が簿外で抱えた債務は、自主廃業の記者会見で約2600億円とされた（「日本経済新聞」（朝刊）2017年10月31日）。
4　1997年11月3日三洋証券、17日北海道拓殖銀行、24日山一證券といずれも同じ年月に経営破綻した（「日本経済新聞」（朝刊）2017年11月18日）。
5　日本リースは、1963年に設立された日本初の総合リース会社である。当時銀行は、大蔵省の不動産融資総量規制を回避するため、親密な取引がある信販・リース会社を経由した不動産会社等への迂回融資を行っていた。

おり、イ・アイ・イ・インターナショナルに対する融資3800億円が不良債権化していた。また、経営危機に陥っていた２信組支援のために多額の出資を行っており、財務体力を大きく低下させていた。その後、同行の資産査定結果では、債務超過額は国有化時点で２兆円を上回り、７兆9000億円の公的資金が投入され、３兆6000億円の損失が確定した。

同年12月、日本債券信用銀行が金融庁の検査で2700億円の債務超過を認定され、金融再生法による特別公的管理下に入って、国有化された。日本債券信用銀行もクラウン・リーシングなど系列ノンバンク３社を通じて不動産融資を拡大し、ペーパーカンパニーへの不良債権の飛ばしが行われていた。

これまで述べた金融機関５件の経営破綻は、親会社の財務諸表を重視する親会社中心主義が招いた企業会計制度の不備に起因する。1997年以降の相次ぐ金融機関の経営破綻や財務体力低下を受けて、第二次世界大戦後の高度経済成長を支えたメインバンク制が崩壊し出し、企業間の株式持ち合い制度も徐々に解消するようになってきた[6]。これらにかわって、外国人投資家や年金基金株主が増加し、日本企業に対して株主の論理を追求し、影響力を強めていった。

企業法制では、1997年に独占禁止法が改正され、純粋持株会社制度が解禁された[7]。そして、1999年には企業再編を促す株式交換・株式移転制度が新設され、企業組織を再編できる環境が整った。一方、1996年11月に橋本内閣は日本版金融ビッグバン構想を打ち出し、フリー（市場原理が機能する自由な

---

[6] 野村證券の推計によれば、時価総額に占める持ち合い株式はバブル期の1990年度には約50％であったが、2017年３月期には約15％（約100兆円）まで低下している。また、2019年３月期から適用される米国基準では、持ち合い株式の期末時価評価損益を最終損益に反映する改正が行われる（「日本経済新聞」（朝刊）2017年11月８日）。

[7] 他の会社を支配する目的で、その会社の株式を保有する会社のこと。純粋持株会社と事業持株会社がある。純粋持株会社とは、自ら製造や販売といった事業は行わず、株式を所有することで、他の会社の事業活動を支配することのみを事業目的とする持株会社のことで、子会社からの配当が売上となる。一方、事業持株会社とは、グループ企業の株式をもつことで子会社を支配しながら、自らも生産活動などの事業を営む持株会社のことである。https://www.nomura.co.jp/terms/japan/mo/holding_com.html。

市場)、フェアー(透明で公正な市場)、グローバル(国際的で時代を先取りする市場)の3つの原則を掲げて、2001年までに東京市場をニューヨークやロンドンと並ぶ国際的な金融市場にすることを目指すことになった。

　日本版金融ビッグバン構想のなかに、信頼できる公正・透明な取引の枠組み・ルールの整備という項目があり、そのなかに連結ベースのディスクロージャーの整備が掲げられている。これは、日本がグローバル経済社会で生き残るためにとられた政策である。資本関係があってもこの時期は、必ずしもグループ企業全体の統制がとられておらず、グループ経営戦略が明確に定められていなかった。しかし、連結ベースのディスクロージャーの整備によって、2000年の最初に迎える決算期から、制度会計は連結決算主体に移行した。これにより、親会社の経営者は自社の業績ではなく、グループ企業全体の業績を市場から評価されることになった。つまり、経営者の評価軸が変更されることになった。

　その結果、経営者はグループ経営戦略を明確にし、グループ全体で共通の経営目標を定めて、相乗効果を発揮することが求められる連結経営が重視されるようになってきた。言い換えれば、連結経営は親会社の個別最適を目指すものではなく、グループ企業群の全体最適を目指す経営である。そして、これを実現するには、経営者がグループ全体の経営資源であるヒト・モノ・カネ・情報を素早く正確に把握し、その課題対応ができるような連結経営基盤の構築が求められるようになってきた。

　国内外のグループ事業の一体的展開を目指すには、ヒトの面では人材の最適配置が求められる。モノの面では、グループ全体で安価で高品質な仕入れを実現するために、共同購買の仕組みが必要であろう。また、グループ内に不動産業務を行う企業があれば、CRE[8]を検討してグループ全体で自社不動

8　Corporate Real Estateの略。国土交通省が2008年4月に公表した「CRE戦略を実践するためのガイドライン」では、企業不動産活用を企業価値向上の観点から経営戦略的視点に立って見直しを行い、不動産投資の効率性を最大限向上させていくという考え方を示すものと解説されている。CREは企業が保有および利用するすべての不動産で、同省では日本のCREの資産規模を約490兆円と推計している。

産を有効活用する必要がある。業績管理面ではERP[9]などを活用して、予算・見込み・実績の各段階で業績を把握する。また資金繰り面では、予算・実績の段階で情報を把握する。製品情報面では、販売・原価・採算データなどを素早く正確に収集把握し、企業リスクに対応する意思決定が求められる。特に、海外を含めた子会社経営の実態把握、経営管理の効率化を実現することが重要となる。これらの経営意思決定を支える仕組みが、連結経営基盤である。そして、連結経営基盤の財務面で、効率的かつ適切なガバナンスを目指すグループ資金管理の仕組みが、「キャッシュ・マネジメント・システム」（Cash Management System、以下「CMS」という）である。

　CMSは、「グループ経営を行う企業体などで、グループ全体の現金や流動資産を一元的に管理し、グループ企業で生じる資金の過不足を調整することで、効率的な資金利用を図るシステム」[10]である。これは、企業が主体的にインターネットや資金管理のアプリケーション・ソフト（以下「アプリケーション」という）を活用して、運転資金量の圧縮や銀行手数料の削減を図る仕組みという特徴をとらえてCMSを定義している。したがって、これを「キャッシュ・マネジメント・システム」と呼ぶことにする。

　一方で、「グループを形成する企業に対して、コンピュータや通信回線などのITインフラを用いて資金の一元管理・運用を提供するサービスの総称であり、親会社や金融子会社に専用口座を設けてグループ企業の余裕資金をいったん集約し、運転資金などが不足する企業に貸し出すものである」[11]とも定義されている。これは、銀行が主体的に自らの収益事業のために企業へ提供する金融サービスであるという特徴をとらえてCMSを定義している。したがって、これを「キャッシュ・マネジメント・サービス」と呼んで区別

9　ERP（Enterprise Resource Planning）は、企業のもつさまざまな資源（人材・資金・設備・資材・情報など）を統合的に管理・配分し、業務の効率化や経営の全体最適を目指す手法。また、そのために導入・利用される統合型（業務横断型）業務ソフトウエアパッケージ（ERPパッケージ）のこと（IT用語辞典・http://e-words.jp/w/ERP.html）。
10　情報システム用語辞典（http://www.itmedia.co.jp/im/articles/0906/02/news107.html）。
11　経済産業省電子債権を活用したビジネスモデル検討WG［2005］、39頁。

することにする[12]。

　米国ではコンピュータと通信技術の発達を背景として、1970年代から大手銀行を中心に、銀行が提供するキャッシュ・マネジメント・サービスが利用され始め、グループ全体で有利子負債の圧縮やこれに伴う銀行への支払金利削減に寄与し始めた。しかしながら、1970年代から1994年までは、電子データを相互に交換する通信技術の確立や利用者の利便性が向上する途上にあって、現在のインターネットやコンピュータの活用状況とはほど遠いレベルであった。商用利用が本格化するのは、コンピュータの基本ソフト（OS）Windows 95[13]が発売されて以降のことである。

　一方、インターネットが普及し始めた1995年以降でも、日本国内では銀行の貸付金減少に伴う利鞘減少や振込手数料減少につながるため、銀行はCMSの提供に消極的で、かつタブー視していたグループ・ファイナンスの仕組みであった[14]。しかし、2000年3月期から本格開始された連結決算重視の制度会計変更の影響を強く受けて、決算が単体から連結中心へ移行し、連結ベースでの金利・為替・信用などの経営管理の巧拙が連結決算に重要な影響を与えるようになった。つまり、親会社の財務担当者は、親会社の単体決算から、連結ROAや連結ROEの指標を改善するために、連結貸借対照表の運転資金量を圧縮できるCMSに関心をもつようになってきた。これが、連結経営とともにCMSが注目されるようになった大きな理由であると考えられる。

　日本国内でも1990年代後半から大手企業グループにおいて、親会社や金融

---

[12] 1990代の金融用語辞典等では、CMSはキャッシュ・マネジメント・サービス、2000年代以降はキャッシュ・マネジメント・システムと解説されており、時代の変化に伴い、用語名称が変化している。

[13] 1995年MicrosoftがWindows 95を発売し、ブラウザーソフトのInternet Explorer（IE）が同梱されたため、全世界的にユーザーが爆発的に増加した。このことから、1995年がインターネット元年といわれている。Amazonがサービスを開始したのは1995年、Googleの検索サービスが開始されたのは1998年であった。

[14] 著者がCMS導入プロジェクト（後述）において、銀行関係者から得た情報である。

統括会社(以下「インハウスバンク」[15]という)がインターネットと資金管理のアプリケーションを活用して、グループ企業の毎日の余剰資金を吸収し、これを資金不足のグループ企業に配布することにより、グループ全体の資金を一元管理する「キャッシュ・プーリング」[16]を運用する企業が出現し始めた[17]。キャッシュ・プーリングはCMSの中心的機能であり、CMSには必ずキャッシュ・プーリングの機能が組み込まれている。

　これ以外の機能では、CMS運用環境下でグループ企業間の債権・債務を相殺し、グループ内の決済資金量を削減ないし不要とする「ネッティング」[18]、インハウスバンクがグループ企業にかわって、その取引先へ支払いを行う「CMS支払代行」[19]を運用する企業が存在している。また、CMS運用環境下でインハウスバンクがグループ企業の取引先から債権回収を行う「CMS回収代行」[20]や、売掛債権等を売却して資金調達を行う「債権流動化」など、グループ全体の財務活動にかかわる資金量を圧縮し、支払手数料を削減して、グループ全体の資金効率を高める仕組みを採用する企業が増加してきている[21]。

　日本経済新聞社が、2007年7月に時価総額1000億円以上の東証一部上場企

15　グループ企業内で銀行の役割を果たす会社ないしは組織で、国内では親会社ないしは金融子会社が、海外では地域を統括する金融子会社がその役割を果たしている。
16　キャッシュ・プーリングという用語は、インハウスバンクと参加会社とのCMS独自の相互貸借機能として本書では用いている。
17　CMSの運用にはインターネットが不可欠であり、Windows 95発売以降、数年の準備期間を経てCMSが導入されていることから、1990年代後半にCMSが早期開発されたと推定される。各企業のCMS運用実態は、本書でインタビュー調査を実施している。
18　ネッティングという用語は、本書ではCMS独自の債権債務の相殺を意味し、CMSを前提としないものは債権債務の相殺と呼んでいる。
19　CMS支払代行という用語は本書ではCMS独自のものを意味し、CMSを前提としないものは支払代行と呼んでいる。
20　CMS回収代行という用語は本書ではCMS独自のものを意味し、CMSを前提としないものは回収代行と呼んでいる。
21　経済産業省調査［2015］は、調査対象会社数2,279社で回答者数442社、有効回答率19.4%であった。同調査(34頁)では、CMSを導入した時期をまとめており、1990年以前に国内CMS導入は1%(1社)、1990年代は11%(19社)、2000年代は77%(137社)、2010年代は11%(20社)と、2000年代が国内CMSの導入時期のピークとなっている。

業(金融を除く)を対象にしたCMSに関するアンケート調査[22]を実施している。この調査によれば、CMSを導入している企業は68%(192社)で、未導入企業は32%(91社)となっている。うちパナソニック、ソニー、ニコンなど国際的な資金取引が多い電機や精密機器メーカーを中心に、7社はグローバルで運転資金を一括管理している。また、調査対象企業のうち、取引銀行数は1社平均20行で10年前と比べて減ったと回答した企業が67%と約7割にのぼっている。この時期、都市銀行の合併により企業の取引銀行数が削減されたこともあるが、これに加えて企業が取引銀行数を減少させて、グループ企業全体の資金をより一元的に管理しやすい行動をとり始めた結果であると考えられる。

経済産業省は、平成26年度総合調査研究「GCMSおよびABLの現状と普及促進に向けた課題の調査等」報告書(以下「経済産業省調査[2015]」という)によって、東証一部・二部上場企業(金融を除く)を対象にアンケート調査を実施している。この調査によれば、回答社数438社のうちCMSを導入している企業は46%(202社)で、未導入企業は54%(236社)となっており、約半数が国内CMSを導入している[23]。

2007年7月の日本経済新聞社のCMSに関するアンケート調査と経済産業省調査[2015]では、企業のCMSの導入割合が異なっているが、これは調査サンプルが異なっているからである。CMS導入時期は「第2章 CMS・GCMSの運用実態調査」で扱うが、経済産業省調査[2015]では導入時期のピークは2000年代となっている[24]。このように、CMSは企業経営にとって特殊な企業財務の仕組みではないレベルまで普及が進んでいるが、CMSを

---

22 582社を調査対象とし、有効回答数283社・有効回答率48.6%であった(「日本経済新聞」(朝刊)2007年8月23日15面)。
23 経済産業省調査[2015]、31頁、CMS導入の有無参照。導入企業のうち、国内CMSのみ導入している企業は全体の23%(101社)、海外の地域ごとにCMSを導入している企業は全体の14%(63社)、海外の地域間にまたがるCMSを導入している企業は3%(13社)、グループで統一的なCMSを導入している企業は6%(25社)となっている。
24 脚注21参照。

扱う学術論文は少ない。

　著者が2015年5月に三菱東京UFJ銀行（現・三菱UFJ銀行、以下「MUFG」という）のCMS担当者に対して行ったインタビュー調査では、日本独特の金融慣行であるメインバンク制が薄れるなか、メガバンクが株式上場企業を見込み客として、銀行の手数料獲得のための商材として、また他行との競合の切り札として、CMSを積極活用するよう変化していることがわかった。また、三井住友フィナンシャルグループの2016年3月期における有価証券報告書のセグメント情報によれば、銀行業の業務粗利益は金利収益と非金利収益で構成されており、業務粗利益1兆5342億円のうち非金利収益は5106億円で33.3％を占めている[25]。

　さらに、ホールセール部門・国際部門・市場営業部門に限定すれば、その業務粗利益1兆1949億円のうち非金利収益は5011億円で41.9％を占めており[26]、法人に対する非金利収益は銀行業の大きな収益構成比を占めていることがわかる。また、同グループは2014年度から開始した中期経営計画で、「日本企業の海外現地法人数の増加などトランザクション・ビジネスの成長余地に着目し、ビジネス顧客を囲い込むことで手数料が安定的に入ってくることを期待し、この分野を強化する計画である。これに先立ち、2013年10月にはグローバルな資金管理ニーズに応えるグローバルCMSのパッケージ商品、スマートトレジャリーを邦銀で初めて発売」[27]している。これらの事実から、MUFGと三井住友銀行（以下「SMBC」という）の大規模グループ企業向け経営戦略は、融資による利鞘確保のみではなく、アプリケーションの利用収益や、これに付随するデリバティブなどの手数料収益に重きを置き始めたと考えられる。

　円高の進展とこれに呼応した国内企業の海外進出が活発化するのに伴い、国内グループ会社だけでなく、海外子会社を含むCMSを構築して、外貨を

25　三井住友フィナンシャルグループ［2016］、170頁。
26　同上。
27　厚治［2015］、30–31頁。

含むグループの資金管理を行う企業も増加している。この海外のCMSは、「グローバル・キャッシュ・マネジメント・システム（以下「GCMS」という）」と呼んで、国内CMSと区別することにする。

　第7章ではグループガバナンスの欠如事例を扱うが、富士フイルムホールディングス㈱（以下「富士フイルムHD」という）は豪州の海外子会社2社の社長が報奨金獲得目当てにトップダウンで不適切会計処理を主導し、売上高を嵩上げしていた。また、内部告発で問題が発覚するまで、5年にわたり不適切会計処理を常態化させていた。さらに、富士ゼロックス㈱（以下「富士ゼロックス」という）副社長が部下にこの隠蔽を指示していた。これを受けて、同社の2017年3月期決算でこの不正経理による損失額375億円を計上し、富士ゼロックスの会長は退任した。同社は、「GCMSの対象地域を2012年の3地域（欧州・米国・中国）から2014年3月期までに6地域（3地域＋アジア・中東アフリカ・南米）に拡大」[28]していたが、この不正経理を見抜くことはできなかった。GCMSは効率的かつ適切なグループ資金管理を目指す仕組みであるが、これを導入すればグループガバナンスが実現できるというものではない。この事例は、財務面の連結経営基盤としてのGCMSが十分活用されなかったと同時に、人的資源管理の弱点が露呈した事例である。

　キャッシュ・マネジメントは単なる資金移動の管理を行うという意味ではなく、Freeman[29]は「(1)キャッシュ・フローの予測、(2)キャッシュ・フローの管理、(3)銀行との関係、(4)余剰資金の運用という4つの業務を通じて、企業の資金移動をさまざまな段階で、迅速かつ正確な情報としてとらえ、システム統制するものである」と定義している。そして、「キャッシュ・マネジメントのねらいは、(5)資金集中の迅速化、(6)支払いの繰延べ、(7)迅速な情報の提供、(8)企業に潜在している資金の明確化、(9)余剰資金の極小化にある」と述べている。

　(6)支払いの繰延べは、現在では国内の下請法[30]の適用を受けるため、注意

28　「日本経済新聞」（朝刊）2012年9月13日。
29　Freeman［1982］

を要する。また、インターネット等の通信技術の進歩やアプリケーションの開発などが普及していなかった1980年代と現在では、特に金融取引の自動化の実現という点で大きな相違がある。しかしながら、キャッシュ・マネジメントの主要な意義や目的に大きな相違はない。

Freemanが(3)で指摘するとおり、CMSの導入は企業と銀行との関係を変えてしまう可能性がある。つまり、CMSの導入は企業経営に大きなインパクトを与える意思決定である。なぜならば、企業側はCMSの運営に不可欠な提携銀行を複数の主要銀行から選択する必要があり、銀行はこの選択に漏れてしまうと、CMS運営開始以降の取引量が激減する可能性が高いからである。したがって、CMSは単なるエレクトロニック・バンキング（以下「EB」という）[31]を活用し、銀行が提供するファイナンス・サービスではなく、企業が主体的に銀行をはじめとする金融機関との関係を見直し、グループ企業内にインハウスバンクを構築して運用するという新たな財務活動の仕組みであり、企業の連結経営基盤である。さらに、実際のグループ企業の単年度事業計画や中期事業計画において、CMS金利（貸付金利・預入金利とも）は、これらの計画策定時の重要な前提諸元となっている。

また、銀行はCMS提携銀行に選択されるか否かにかかわらず、取引グループ企業がCMSを採用すると、当該グループへのホールセール・バンキング（wholesale banking）は、利鞘（利益）面で大打撃を受ける。なぜなら、企業の短期運転資金の調達・運用が、従来の取引銀行からグループ内のインハウスバンクに全面的に移行することになり、CMS参加会社の銀行預金や短期運転資金に対する融資業務がなくなるため、銀行経営にとって大きな収益インパクトを与えるからである。Von Eije[32]、Westerman[33]は、「金融自由化と規制緩和がキャッシュ・マネジメントの集中化に拍車をかけて、

---

30 下請法は、下請取引の公正化・下請事業者の利益保護を目的とし、4条1項2号で下請代金の支払遅延の禁止を規定している。
31 Electronic Banking、家庭や企業に設置したコンピュータや端末から通信回線を介して銀行などの金融機関の情報システムに接続し、サービスを利用すること。また、金融機関が提供するそのようなサービス（IT用語辞典）。

企業の銀行離れ (disintermediation) が現実のものとなっている」と指摘している。

近年、CMSに関する学術論文や書籍等は散見されるようになってきたが、これらはいまだ少ない。ファイナンス領域の実務家で研究者でもある岸本光永は、「日本のアカデミックの世界で、キャッシュ・マネジメントは関心をもたれていないのか」という疑問を呈し、「理論が先行する業務ではなく、実践で考え、対応していくなかで生まれる理論であることから、アカデミックには不得意な分野になっている」[34]と指摘している。なぜならば、CMSに必要不可欠なインターネットと資金管理を行うアプリケーションが1995年以降に開発されてきたこと、企業財務担当者が財務効率化の努力や工夫を行うことによってCMSを進化発展させてきたことが、アカデミックには不得意な分野になっていると考えられる。

1990年代前半（CMS導入前）には、インターネットと資金管理を行うアプリケーションが商用利用されていなかった。そこで、大企業のインハウスバンクが、金融機関借入れ・親会社の社債発行による資金調達などを活用し、電話やFAXを用いて、運転資金が必要な子会社へ融資するグループ・ファイナンスを行っていた事例がある。しかし、取引件数が増加して業務量が増加すれば、財務担当者を増員せざるをえない状況にあった。実際に著者が所属するグループ企業では、当時インハウスバンクから子会社への貸付業務を実施しており、銀行より速く、かつ低金利で融資業務を実施できるため、子会社の経理担当者に好評価を得ていた。

インハウスバンクが銀行より速く貸付実行ができるのは、インハウスバンクのほうが銀行より豊富な貸付先情報があること、つまりインハウスバンクのほうが銀行より貸付先情報の非対称性の度合いが低いからである。また、

32　Von Eije［2002］
33　Westerman［2005］
34　西山［2013］、221頁。同書「おわりに」（221－222頁）は、岸本光永が執筆担当である。

インハウスバンクは資本関係がある子会社を貸付先にしていることから、デフォルト・リスクを厳密に考慮する必要性が銀行に比べて低いからでもある。

そして、インハウスバンクが銀行より低金利で貸付業務ができるのは、インハウスバンクが子会社と比べて一般的には信用力があって調達金利が低く、かつ銀行に比べて少ないシステム・労務コストで貸付業務ができるからである。さらに、インハウスバンクが余剰資金をもつ子会社から借入れを行えれば、銀行から調達する資金コストより低下する結果、銀行よりいっそう低金利での貸付業務が可能となるからである。さらに、インハウスバンクは銀行が得ていた利鞘を得ることができ、グループ企業全体の金融コストが低下することになる。インハウスバンクを中心にグループ内で運転資金の貸借が実現できると、連結会計上はインハウスバンクと子会社との貸借取引は消去されて、連結貸借対照表上の資産負債は圧縮されるため、グループ企業全体のROA・ROEの向上に貢献できる。

著者は、1997年10月から1999年3月までの1年半、民間企業において、前述のグループ・ファイナンスの仕組みをCMSに発展させる、プロジェクト・チーム・リーダーを経験することができた。

著者が知る限り、1997年10月頃にはプロトタイプのCMSを開発した先進的な旧都市銀行とグループ企業があったが[35]、CMSに関する知見がまったくない旧都市銀行も存在しており、地方銀行でCMSを運用する事例はなかった。

このプロジェクト・チームは、会社側では財務責任者2名（親会社側1名とインハウスバンク側1名）と情報通信技術担当者1名の計3名、銀行側ではCMS開発責任者2名、システム・エンジニア1名と公認会計士1名、総勢7名で構成されており、プロジェクト期間中に約20回のミーティングを実施

---

[35] 1998年3月の同プロジェクト・チームの予備調査によれば、この時点でCMSを導入していた企業は、東芝・ブリヂストン・リコー・花王・三菱地所・三菱商事・丸紅・HOYA・旭硝子・ビクター・富士電機・富士通などであった。

した。プロジェクト・ミーティングでは、CMS導入にあたって、課題の抽出と対応を検討して方針決定し、銀行側でCMSのアプリケーションを開発し、会社側では経営会議での承認、子会社経営管理等を担当する社内関係者への説明、CMS運用マニュアルの作成、CMS参加会社60社への全体説明、個別会社60社への説明、EBの導入[36]、社内インターネット（イントラネット）の構築などの作業を進めていった。

そして、1999年4月参加会社60社を対象に、CMSの運用を開始した。当時はCMSを導入するグループ企業はまだ少なかったにもかかわらず参加会社が60社と大規模であったため、1999年4月2日の読売新聞（朝刊）に、「グループ内銀行設置」とヘッドラインが付いた記事が掲載された[37]。これを受けて、多くの企業財務担当者からCMSに関するヒアリングの申込みがあり、著者が対応した。なかでも日本銀行の担当者から、将来の銀行行政の参考にしたいとの理由でヒアリングを受けたことがあった。これは、大規模グループ企業がCMSを運用することで、銀行経営が疲弊するのではないかという危惧があったからである。その後、著者の属するグループ企業では、CMSを共同開発した提携銀行が出資比率を引き上げて、CMS導入にあたって未選択のメインバンクと並行のメインバンクとなり、筆頭株主となったことを報道した1999年9月29日の朝日新聞（朝刊）の記事が掲載された[38]。

Freemanは、「キャッシュ・マネジメントは銀行との関係を通じて、企業の資金移動をさまざまな段階で、迅速かつ正確な情報としてとらえ、システム統制するものである」と述べている。これは、企業とCMS提携銀行との関係が従来と比較して、より緊密になるという意味である。CMS運用には、インターネット・資金管理を行うアプリケーション・EB・提携銀行の4点の環境整備が、不可欠な前提であると考えられる。しかし、従来のメイ

---

36 参加会社60社のうち、銀行が提供する電話回線を用いたEBを使用している会社が約3分の1程度、その他はEBを使用していなかった。CMS導入と同時にインターネットを用いた新型EBを参加会社すべてに導入した。
37 福嶋［2018b］、157頁。
38 福嶋［2018b］、158頁。

ンバンクが、必ずしも企業のCMS提携銀行となるとは限らない。なぜならば、CMSに関する銀行側の運用経験、銀行側が提供するアプリケーションの機能や利用料金などが、企業側の提携銀行選定に影響を与えるからである。そして、いったん提携銀行が定まると、よほどの運用上の問題がない限り、企業側は提携銀行を変更することはないため、まさしく企業と銀行との関係を変えてしまう大きな企業財務戦略となる。

このように、CMSは財務実務を中心に発展し、グループ企業にとって経済的効果が大きく、特殊な財務活動ではなくなっているが、従来からそのメカニズムは論理的に考察されてこなかった。そのため、CMSメカニズムの多面的考察を研究目的とすることは、財務実務分野において意義があるだけではなく、学術分野においても意義がある。本書を執筆するにあたり、著者が属するグループ企業のCMS担当者にインタビュー調査をするなかで、ネッティング（後述する第三法）を運用している認識がなかった。これは、CMS運用開始当初はCMS実務者がそのメカニズムを熟知していたが、その後担当者が変更になり、そのメカニズムに関する知見が風化したからだと考えられる。

本書の研究目的の第1点目は、CMSの経済合理的運用に貢献するために、その運用上の課題に多面的考察を加えて、その課題対応を提示することにある。

CMSの中心的機能であるインハウスバンクと参加会社間の貸借取引を行う「キャッシュ・プーリング」だけでなく、参加会社間決済において運転資金量を削減ないし不要とする「ネッティング」、参加会社の取引先会社への支払いを行う「CMS支払代行」などが存在し、実際の企業財務に活用されている。そして、それぞれのメカニズムがどのように機能しているのかを論理的に考察することは、どのアプリケーションを採用するのかに重要な影響を与える。また、それぞれのメカニズムを十分理解しなければ、CMSの経済合理的な運用は実現しえない。

本書の研究目的の第2点目は、CMSの運用にあたって解決すべき法的論

点を指摘し、どのようにしてこれらを解釈するのか、また留意すべき課題は何かを論ずることにある。国内では1990年代後半以降2000年代に、CMSが先進的企業に導入され始めた。しかし、CMSは銀行の伝統的預金・融資業務と異なることから、CMSを十分想定していない出資法・貸金業法・法人税法・印紙税法・会社法などに解決すべき法的論点が存在している。これらは、社会規範である法令なので、遵守しなければならない。また、銀行の預金・融資業務とCMSの違いを論理的に把握し、法的論点とその対応について考察することは、CMS運用上不可欠であり、きわめて重要である。

本書の研究目的の第3点目は、CMSの運用実態を把握するために、企業財務責任者へのインタビュー調査（14社）を実施して、その結果発見できたCMSの運用事例や課題を明らかにすることにある。

先行研究において、Tsamenyi[39]がガスプロム、Holland[40]がモトローラ、Westerman[41]がロイヤル・フィリップスなどの多国籍企業のCMS事例を扱うものがある。しかし、インタビュー調査等で多くの企業のCMSの詳細実態を調査している研究はない。CMSは連結経営上最も重要な経営資源であるグループ資金を管理する連結経営基盤であるので、その情報の性格ゆえに企業機密が含まれており、一般にCMSの運用実態が公開されることは少ない。また、CMS運用会社は業種業態が異なり、CMSを導入した動機や課題が異なることから、CMS運用実態に関する深い情報を収集するにはインタビュー調査が適していると考えた。また、著者自身がCMS構築に携わった経験から、財務責任者との面談を通じて詳細な聞込みが可能ではないかと考えた。そして、1社ごとに90分程度のインタビュー調査が限界であると考え、半構造化（semi-structured）インタビュー調査[42]を採用した。

以上のことから、本書の研究目的は、第2点目と第3点目を通して、第1点目に述べたCMS各機能のメカニズムに多面的考察を加え、CMSの運用課

---

[39] Tsamenyi［2005］
[40] Holland［1994］
[41] Westerman［2005］

題を指摘して解決策を提示し、その経済合理的な運用に貢献することにある。

---

42 インタビュー調査は、あらかじめ質問内容を確定しておき、質問や回答内容に関連する質的な情報を収集する半構造化インタビューのほか、一問一答式の質問票（アンケート）調査に近い構造化インタビュー、質問内容を特に定めず回答者が意識していない考えを引き出す非構造化インタビュー（デプス・インタビュー、エスノグラフィック・インタビュー）、質問票に記入してもらいながら小集団での会話から得られる意見も収集するフォーカス・グループ・インタビューなどの技法がある。

第2節　本書の構成と概要

　前節の研究目的に取り組むために、本書では第1章から第7章までの章立てを行った。以下では、各章の概要を述べることにより、本書の構成について説明を行う。

　「第1章　キャッシュ・マネジメント・システム（CMS）とは何か」では、前節においてすでに本書の意義と目的を述べた。

　「第2章　CMS・GCMSの運用実態調査」では、14社の半構造化（semi-structured）インタビュー調査結果をもとに、(1)国内CMSの運用開始時期、(2)インハウスバンクの担当組織、(3)アプリケーションの提供元、(4)国内CMSの提携銀行、(5)インハウスバンクのスプレッド、(6)設備投資資金を扱う長期CMS[43]、(7)キャッシュ・プーリングと長期CMSの連結総資産圧縮状況、(8)CMS機能の採用状況、(9)CMSの運用課題とその対応策、(10)GCMSの運用課題、の10点を取り上げてCMS運用実態を明らかにする。そして、その後の各章のCMS機能を論理的に考察するデータとする。なお、14社の詳細な調査結果はAppendix 8に記載する。

　「第3章　キャッシュ・プーリングの経済的効果と運用課題」では、CMS導入前には各子会社が銀行預金や借入れを両建てで保有しながら資金繰りをしていた状態を、借入れないしは預け金の一方に片寄せすることで、短期運転資金量の圧縮を実現するというキャッシュ・プーリングの本質について述べる。そのうえで、キャッシュ・プーリングの経済的効果について、数値例を示しながら論証することにする。一方で、キャッシュ・プーリングを導入すれば、参加会社が借入限度額までは資金繰りをしなくてもよい状態になる

---

[43] 長期CMSは、本書ではCMS運用環境下での設備投資資金の提供機能を意味する。なお、CMSキャッシュ・プーリングは参加会社の短期運転資金の効率的な一元的管理を目的としている。

オートマティック・キャッシュ・フロー[44]を生み出してしまう。その結果、インハウスバンクの資金繰りが大きく狂い、グループ企業全体の効率的な資金管理を阻害する。このモラル・ハザードに対して、どのような解決方法があるのかを探る。また、国内法は比較的新しいCMSのメカニズムを想定していない。したがって、出資法および貸金業法、その他の法律が十分対応できておらず、キャッシュ・プーリングに関する法的論点と解釈をどのように行えばよいのかについて考察を加える。

そして、キャッシュ・プーリングと銀行融資とを対比しながら、キャッシュ・プーリングのメカニズムはプリンシパル・エージェンシー理論で説明できるか否かについて考察する。さらに、金融機関が保有する金融仲介機能・信用創造機能・決済機能という3つの機能が、インハウスバンクにも存在するのか否かについて考察する。

「第4章 長期CMSの運用課題」では、参加会社の設備投資資金の提供について考察する。参加会社の短期運転資金に対応するキャッシュ・プーリングとは別に、参加会社には長期設備資金需要がある。これを提供するのが長期CMSであり、そのメカニズムや課題について考察を加える。また、長期CMSの外生的・内生的運用環境に、内部・外部資本市場理論を当てはめ、長所を活かして短所を克服できるか否かについて考察を加える。

「第5章 ネッティングのメカニズムと運用課題」では、ネッティングの本質（参加会社の債権債務にかかわる資金量を圧縮ないしは不要とすること）について考察する。ネッティングは、債権債務差額の相殺（第一法）、貸借勘定付替えによる債権債務の相殺（第二法）、CMS口座統制による債権債務の相殺（第三法）が考えられる。そこで、これらのメカニズムによって、なぜ債権債務の相殺を実現できるのかを数値例を示して論証する。なお、第三法はネッティングの新手法であり、提携銀行を1行とする企業でのみ機能するネッティング手法である。そして、ネッティング各手法の長所と短所をまと

---

44 オートマティック・キャッシュ・フローは、七福神の1人である大黒天のもつ打ち出の小槌をイメージさせる著者の造語である。

めることにする。

「第6章　CMS支払代行とCMS回収代行のメカニズムと運用課題」では、CMS支払代行とCMS回収代行の本質、CMS支払代行・CMS回収代行の経済的効果と運用課題についてまとめる。CMS支払代行は、銀行振込手数料削減という経済的効果が存在する。また、参加会社の不正防止・内部牽制やガバナンス強化に寄与する。したがって、CMS支払代行はCMSの主要機能の1つとなっている。そして、CMS回収代行はCMSの主要機能ではないものの、第2章でまとめたインタビュー調査によって運用事例を発見できた。そして、CMS支払代行とCMS回収代行の経済的効果と運用課題をまとめる。

「第7章　GCMSの運用課題」では、GCMSの本質について述べ、GCMSの運用課題となる金融法制について日本の外国為替法の変遷をたどることに

図表1-1　CMS概念図

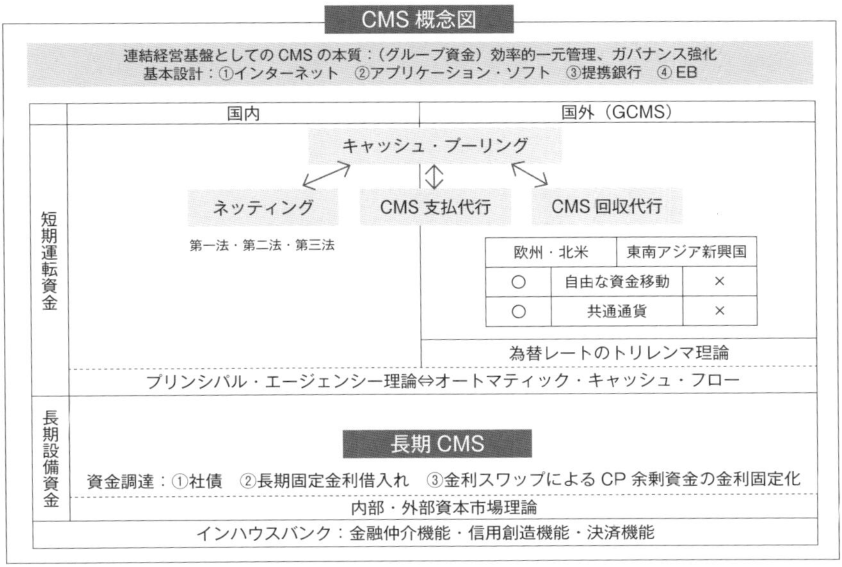

CMS 概念図		
連結経営基盤としてのCMSの本質：（グループ資金）効率的一元管理、ガバナンス強化 基本設計：①インターネット　②アプリケーション・ソフト　③提携銀行　④EB		

	国内	国外（GCMS）
短期運転資金	ネッティング（第一法・第二法・第三法）　キャッシュ・プーリング　CMS支払代行　CMS回収代行	欧州・北米：○自由な資金移動、○共通通貨／東南アジア新興国：×、×
		為替レートのトリレンマ理論
	プリンシパル・エージェンシー理論⇔オートマティック・キャッシュ・フロー	
長期設備資金	長期CMS 資金調達：①社債　②長期固定金利借入れ　③金利スワップによるCP余剰資金の金利固定化	
	内部・外部資本市場理論	
	インハウスバンク：金融仲介機能・信用創造機能・決済機能	

（出所）著者作成

よって、東南アジアでの資本移動規制が解決できるか否かの参考にする。そして、GCMSの外生的運用環境に為替レートのトリレンマ理論を当てはめて、これを説明できるのか否かを考察する。次に、資本移動規制のない国で利用されているアクチュアル・プーリングと、参加会社を同一経済体とみなして提携銀行が資金融通するノーショナル・プーリングの違いをまとめ、GCMSの運用課題とその対応を考察する。

第2章

Cash Management System

CMS・GCMSの運用実態調査

第1節　CMS・GCMSの機能概要

本章ではCMS・GCMSの企業運用実態を把握し、その結果をもとに第3章以降でCMS・GCMSの各機能の運用課題と対応について詳細な考察を加えることにする。そこで、本節ではCMS・GCMSの機能の概略を理解するために、キャッシュ・プーリング、ネッティング、CMS支払代行に関するそれぞれの機能を簡単に解説する[1]。

CMSの主要機能であるキャッシュ・プーリングは、銀行に代替して参加会社の貸借取引を行う機能である。図表2-1の①で示すように、グループ

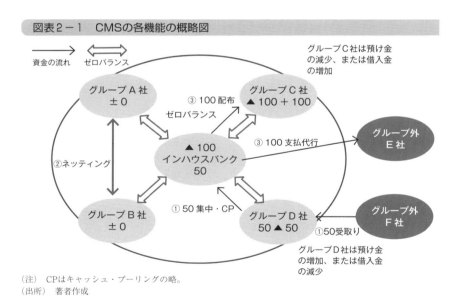

図表2-1　CMSの各機能の概略図

(注)　CPはキャッシュ・プーリングの略。
(出所)　著者作成

---

[1] CMSの各機能の詳細な考察は、第3章以降で扱う。ここではキャッシュ・プーリング、ネッティング、CMS支払代行の簡単な解説にとどめている。

外F社からグループD社への入金50は、銀行営業終了日にグループD社からインハウスバンクへ自動的に資金集中される。グループD社にとって、これはインハウスバンクへの預け金を増加させるか、借入金を減少させるか、借入金を返済したうえで預け金を増加させる取引となる。

ネッティングは、図表2－1の②で示すように、参加会社間の債権債務をインハウスバンクへの債権債務に会計上付け替えて、その総額を相殺する機能である[2]。

また、CMS支払代行は、図表2－1の③で示すように、グループC社がグループ外E社への支払いを行う際に、グループC社はCMS支払代行システムに振込データ[3]を登録し、インハウスバンクがグループC社にかわってグループ外E社へ100を立替払いする仕組みである。その結果、グループC社のCMS口座残高は▲100となるが、その当日の銀行営業終了後にはゼロバランス[4]が機能し、インハウスバンクからグループC社へ自動的に資金配布がなされる[5]。これは、グループC社がインハウスバンクへの預け金を減少させるか、借入金を増加させるか、預け金を取り崩したうえで借入金を増加させる取引となる。このように、CMS支払代行はインハウスバンクが参加会社にかわって支払いを行うと同時に、キャッシュ・プーリングを機能させ

---

2 これはネッティング第二法で、第5章「ネッティングのメカニズムと運用課題」で詳細を考察する。
3 振込データは、振込元名義、振込先名義・銀行・金額・振込日などの情報である。通常振込先の情報は、グループ全体で利用できるようにマスター・データを保有して管理する。
4 インハウスバンクと参加各社は、提携銀行にCMS専用の当座預金を設定し、提携銀行は参加会社のCMS口座残高を通常毎日の銀行営業終了後に残高を0円とする自動操作を行う。つまり、この操作実行直前のある会社の残高がプラスとなった場合には、ゼロバランスの操作実行により残高を0円とし、同一金額だけインハウスバンクの口座をプラスさせる（資金集中）。一方、ある会社の残高がマイナスとなった場合には、ゼロバランスの操作実行により残高を0円とし、同一金額だけインハウスバンクの口座をマイナスにする操作（資金配布）を提携銀行のコンピュータ上で実行する。通常、この操作実行のことをゼロバランスと呼んでいる。
5 これは支払代行の仕組みであるが、回収代行は資金の流れが逆方向になる。第6章「CMS支払代行とCMS回収代行のメカニズムと運用課題」でその詳細を考察する。

ている。
　そして、CMSの各機能を海外子会社群で展開するものがGCMSである。GCMSは、地域統括会社（インハウスバンク）を中心に、欧州・北米など海外の地域ごとに運用する方式、海外の地域間にまたがるCMSを運用する方式、さらに、日本のインハウスバンクも含めた全世界のグループ企業が統一的に運用する方式の3タイプが存在する。次節では、CMS・GCMSの運用実態調査をどのように進めたのかを述べる。

第2節　調査方法

　本書では、経済産業省調査［2015］[6]によって調査された定量データを多数取り上げている。当該調査は、被調査会社数が大規模でさまざまな観点からの質問内容が盛り込まれているからである。また、これは相当大きなコストをかけたアンケート調査であり、コスト面で本書での研究では実施できない貴重な調査である。しかし、このアンケート調査は、定量データの収集が中心となる。CMS運用会社は業種業態が異なり、CMSを導入した動機や課題が異なることから、CMS運用実態に関する深い情報を収集するにはインタビュー調査が適している。また、グループ企業の財務データは企業機密となる情報が多いものの、著者自身がCMS構築実務に携わった経験から、財務責任者への面談を通じて詳細な聞込みが可能であると考えた。

　そこで、著者は紹介者を通じて企業財務責任者（財務部長等）を特定し、事前に当該責任者へ調査票への回答を依頼して、これを回収した。そして、当該責任者との日程調整などを通じて、CMS構築の実務経験や苦労を共感できる信頼関係（rapportラポール[7]）を醸成することによって、CMSの財務責任者からその運用実態を定性的かつ詳細に調査できると考えた。また、この調査では1社ごとに90分程度のインタビュー調査が限界であると考えた結果、半構造化（semi-structured）インタビュー調査を採用した。

　調査対象は、著者が過去に参加していた会計勉強会のメンバー、SAP[8]

6　調査対象は金融機関を除く東証一部・二部上場企業2,279社、実施方法は郵送アンケート調査、回答率は19.4％（回答数442）。
7　フランス語で「人間関係」を意味するが、フィールド調査ではインフォーマントとの「親密な信頼関係」を意味する。
8　SAPとは、1972年にドイツのワルドルフで設立された、ERPパッケージ（統合業務パッケージ）ソフトの大手ベンダーの名称である。また、ERPソフトの略称として用いられることもある（IT用語辞典バイナリ）。

ユーザー勉強会のメンバー、CMSを共同開発したMUFGの現在の担当者から、CMSの財務責任者を紹介してもらい、各社の財務責任者を特定した。その結果、調査対象会社は、エネルギー2社・陸運3社・繊維2社・機械製造2社・非鉄金属1社・化学2社・金属製造1社・建設1社の合計14社となった。このうち、13社は東証一部上場会社で、1社は非上場会社である。調査対象会社14社に配布した調査票はすべて回収できたが、繊維C社[9]と化学I社[10]の2社はインタビュー調査に協力してもらえなかった。残りの12社は、著者がCMS財務責任者を直接訪問して、インタビュー調査を実施した。

なお、CMSの財務責任者が企業機密と判断した情報は、非公表としてかまわないこと、会社名は特定しないことを前提とした調査を実施した。そして、著者がインタビュー調査終了後、その結果を一覧表にまとめて、14社の財務責任者へフィードバックし、著者の誤解がある場合にはその旨を指摘してもらった。その際、複数の財務責任者から、「国内CMS・GCMSの各社の取組みについて情報交換する機会がないため、今後のCMSスキームづくりの参考にしたい」「各社のCMS運用実態が非常に参考になるので、じっくり読み込みたい」という前向きな意見をもらった。インタビュー調査結果（14社）はAppendix 8を参照してもらいたい。

9　CMS責任者の海外転勤が、インタビュー調査協力不可の理由であった。
10　CMSを導入していないことが、インタビュー調査協力不可の理由と考えられる。

第3節 インタビュー調査の発見事項

本節ではCMS・GCMSの主要な運用課題や論点ごとに、インタビュー調査で発見できた主な事項（10点）をまとめながら、それぞれの項目について考察を加える。

(1) 国内CMSの運用開始時期

2000年から開始された連結決算主体の会計基準変更の影響を受けて[11]、グループ財務面での連結経営志向が強まってきた結果、国内CMSの導入が増加したと考えられる。そこで、これを確認するため、この質問を用意した。

経済産業省調査［2015］では、国内CMS運用開始時期は1999年12月までが全体の12％、2000年1月～2009年12月までが全体の77％、2010年1月以降が11％であった[12]。インタビュー調査では、1999年12月までがエネルギーA社・繊維C社・機械製造E社・化学K社の4社（構成比23％）、2000年1月～2005年12月までが陸運B社・陸運D社・非鉄金属F社・エネルギーL社・金属製造M社・機械製造G社・陸運H社・繊維J社・建設N社の9社（構成比77％）であった。

経済産業省調査［2015］の国内CMS開始時期は10年刻みの年代ごとで、インタビュー調査は実際のCMS開始年月と質問内容は異なるが、いずれも2000年1月～2009年12月までが全体の77％であった。また、今回のインタビュー調査では、国内アプリケーションの提供元は、ほとんどが3メガバンクと呼ばれるMUFG・SMBC・みずほ銀行であった。1995年にWindows 95

---

11 株式上場会社は3月決算が多いことから、2000年3月期から連結決算主体へ変更している会社が多い。実務上は、通常この数年前から変更対応を進めていた。
12 経済産業省調査［2015］、34頁、表2-3 CMSを導入した時期の回答の構成比率を参照。

が発売されてブラウザーソフトが普及し始め、1990年代後半にEBが電話回線方式からインターネット通信方式に移行した。メガバンクがCMSのアプリケーションを完成させて本格的に営業開始したのが、2000年以降と考えられる。つまり、2000年以降の連結決算主体の会計基準への移行と、インターネット・アプリケーション・EB・提携銀行の4点の利用環境が揃ったのが2000年以降であったことから、国内CMSの運用開始が本格化した時期は2000年以降であると結論づけられる。

(2) インハウスバンクの担当組織

グループ内でインハウスバンクの役割を実際に担っている部署はどこかを知るために、この質問を用意した。

親会社財務部や経理部がインハウスバンクの役割を担務しているのは、エネルギーA社・陸運B社・繊維C社・陸運D社・非鉄金属F社・機械製造G社・陸運H社・化学K社・建設N社の9社であった。一方、金融子会社がその役割を担務しているのは、機械製造E社・繊維J社・エネルギーL社・金属製造M社の4社であった。調査対象事例は少ないが、親会社財務部や経理部が担務している事例が多かった。

エネルギーA社は運用開始当初にインハウスバンクを貸金業登録がある金融子会社としていたが、その後親会社へ変更している。陸運D社は親会社が国内CMSを運用するために、親会社の定款を変更して貸金業登録を行っていたが、その後貸金業登録を廃止している。このことは、キャッシュ・プーリングの参加会社範囲に関して貸金業法の解釈が定まっておらず、保守的に解釈すれば貸金業登録がある金融子会社ないし、親会社が定款を変更して事業目的に貸金業を追加し、その後同法の解釈上の問題はないと判断した企業側の行動であることがわかった[13]。

---

[13] インタビュー調査において、陸運D社の財務責任者からこの事実が確認できた。国内CMS（キャッシュ・プーリング）の出資法・貸金業法上の詳細解釈については、第3章第4節「出資法および貸金業法の論点と解釈」で扱うことにする。

また、インハウスバンクが金融子会社である4社のうち、CMS以外の金融サービスを行っているのは機械製造E社のみである。その他の3社はペーパーカンパニーであり、親会社の財務部員や経理部員が兼務していることがわかった。しかし、機械製造E社のCMSは親会社財務部の管理下にあることから、インハウスバンクの実質的機能は親会社財務部や経理部にあると考えられる。さらに、親会社がキャッシュ・プーリングや長期CMSの原資を社債発行で調達する場合もあることから、親会社財務部や経理部がインハウスバンクを担務するのは合理的である[14]。

(3) アプリケーションの提供元[15]

　CMSの運用には、アプリケーションが必要である。そこで、企業はどの会社が提供する製品を使用しているのかを知るために、この質問を用意した。

　インタビュー調査では、陸運B社・非鉄金属F社・機械製造G社・陸運H社・繊維J社の5社が、SMBCのアプリケーションを利用していた。エネルギーA社・繊維C社・陸運D社・化学K社・建設N社の5社は、MUFGのアプリケーションを利用していた。また、エネルギーL社はみずほ銀行のアプリケーション、金属製造M社はアビーム・コンサルティング社のアプリケーション、機械製造E社は自社開発のアプリケーションを利用していた。特に、金属製造M社ではASP（クラウド）方式のアプリケーションではないため、サーバーのOS変更等でアプリケーションの入替作業やコスト面での苦労があることがわかった。

　経済産業省調査［2015］では、導入企業の約92％が邦銀のアプリケーションであった[16]。これらの事実から、CMS参加会社の特別な事情等がなけれ

14　経済産業省調査［2015］では、どの部署がインハウスバンクの機能を担務しているのかという質問項目はなかった。
15　企業がメガバンクと共同開発した場合は、提供元を当該メガバンクとした。
16　経済産業省調査［2015］、42頁参照。

ば、ユーザー数が多く、機能性に優れ、提携銀行との連携がとりやすいメガバンクのアプリケーションが第一選択となっていることがわかった。

(4) 国内CMSの提携銀行

先行研究において、複数の提携銀行から生じる課題を論点とするものは見当たらない。そこで、企業が国内CMS運用にあたって何行と提携しているのかを知るために、この質問を用意した。

提携銀行が1行の企業は、エネルギーA社（MUFG）・陸運D社（MUFG）・非鉄金属F社（SMBC）・化学K社（MUFG）の4社であった。提携銀行が2行の企業は、機械製造G社（SMBC・みずほ銀行）・陸運H社（SMBC・MUFG）の2社であった。提携銀行が3行の企業は、繊維J社（SMBC・MUFG・みずほ銀行）・エネルギーL社（みずほ銀行・SMBC・MUFG）・金属製造M社（MUFG・SMBC・みずほ銀行）の3社であった。提携銀行が4行の企業は、陸運B社（SMBC・MUFG・みずほ銀行・りそな銀行[17]）1社であった。提携銀行が5行以上の企業は、機械製造E社・建設N社の2社であった。機械製造E社は40〜50行、建設N社は国内に多数の提携地銀との取引があって、両社とも主にキャッシュ・プーリングでインハウスバンクによる参加会社の資金集中を目的としていることから、この分析の対象外とする。

財務責任者へのインタビュー調査によって、提携銀行が1行の場合と複数行の場合では、インハウスバンクが行うCMS統括口座の資金移動業務が異なることがわかった。これは非常に重要な差異である。なぜならば、提携銀行が複数行の場合では、グループ全体の資金量把握に不確実性をもたらすからである。

---

[17] 今回のインタビュー調査において、りそな銀行のCMSアプリケーションを使用している企業はなかった。しかし、りそな銀行はCMSアプリケーションを企業へ提供している（http://www.resonabank.co.jp/hojin/service/eb/cms/）。陸運B社の参加会社は、りそな銀行にCMS口座を設定できるが、陸運B社全体ではSMBCのアプリケーションを活用してCMSを運用している。つまり、当該参加会社の貸借データはりそな銀行からSMBCへデータ連携されている。

つまり、提携銀行が1行の場合にはインハウスバンクのCMS統括口座も1つとなるため、CMS担当者はCMS統括口座の資金量を把握し、提携銀行からの資金調達や運用を判断すればよい。しかし、提携銀行が2行の場合には、参加会社が2行のうち1行を選択することから、2行で毎日ゼロバランスを行うことになる。その結果、インハウスバンクはCMS統括口座（当座預金口座）を2つもたざるをえなくなる。この場合、アプリケーションを提供する銀行αと銀行βがあったとする。銀行αを選択した参加会社の貸借データは銀行αのアプリケーションで貸借金額や利息計算がなされる。一方で、銀行βを選択した参加会社の貸借データは銀行αへデータが連携されて、銀行αのアプリケーションで貸借金額や利息計算がなされる。つまり、銀行αを選択した参加会社のCMS口座の資金はゼロバランスにより、インハウスバンクの銀行αのCMS統括口座に集約される。そして、銀行βを選択した参加会社のCMS口座の資金はゼロバランスにより、インハウスバンクの銀行βのCMS統括口座に集約される。

　たとえば、銀行αのCMS統括口座は資金余剰となり、銀行βのそれは資金不足となる可能性がある。これを放置すれば、銀行αのCMS統括口座は余剰資金を保有することになるが、資金不足となった銀行βのCMS統括口座は自動的に提携銀行の当座貸越が生じてしまう。これは、インハウスバンクが銀行αに銀行預金をもつと同時に、銀行βに銀行借入れをもつことになり、キャッシュ・プーリングの本来目的である効率的資金一元管理の効果を得られなくなってしまう。これを回避するため、CMS担当者はインハウスバンクの銀行αと銀行βのCMS統括口座間の資金調整をする必要が生じる。その結果、インハウスバンクの財務担当者は毎日手作業でCMS統括口座間の資金移動をせざるをえなくなる。実際に、当該企業においてこの作業をしていることを確認した。

　このように、インハウスバンクの財務担当者は、提携銀行が3行では3つのCMS統括口座、提携銀行が4行では4つのCMS統括口座の資金移動を毎日手作業で実施しなければならない[18]。また厳密にいえば、その資金移動タ

イミングは、通常はゼロバランスが実行された後の当日夜間か、あるいは翌日銀行営業日前となる。しかし、インタビュー調査でさらに質問をすると、実際CMS統括口座は常に資金余剰状態にしておき、CMS担当者が週に数回資金移動をしているのが実態で、効率的な資金運用ができているとはいえない[19]。

では、なぜ企業は資金効率が悪化する複数以上の提携銀行を用意するのか。CMS導入時に提携銀行が多いほど、参加会社は銀行選択の余地があり、CMS導入に対する抵抗は少ない[20]。しかし、提携銀行が1行の場合には参加会社は従来から取引がない銀行のケースもあり、参加会社に銀行選択上の抵抗感が存在することがある[21]。また、CMS提携銀行と企業のメインバンクが一致しない場合には、経営会議で提携銀行の選択で異論が出て紛糾するケースもあり、CMSの提携銀行を複数とせざるをえないことがある。

特に、CMS統括口座の資金ポジションや残高は、常に予想と実績の差が生じるため、インハウスバンクのどのCMS統括口座へ、いくらの資金を移動して資金不足とならないよう資金調整すればよいのかを予測するのは不可能となる。結果として、複数あるCMS統括口座には絶えず余剰資金を保有せざるをえず、機動的な余剰資金運用は困難となり、効率的資金一元管理に支障をきたす。言い換えれば、グループ全体の効率的資金一元管理は、

18　現時点において、インハウスバンクのCMS統括口座の残高を自動調整する銀行サービスは存在しないと考えられる。今回のインタビュー調査において、提携銀行が複数行以上あるCMS統括口座の残高は、すべて担当者が手作業で資金移動を行っていることを確認した。

19　2018年6月現在、日本銀行のマイナス金利政策が継続しており、預金金利・譲渡性預金（CD）などがきわめて低い金利となっている。現在資金運用メリットがとれない環境にあることが、資金効率上の大きな問題となっていない理由である。

20　CMS導入時に、参加会社は従来取引をしていた銀行から、インハウスバンクが指定する提携銀行を選択する必要がある。提携銀行が1行の場合より、複数行以上の場合のほうが参加会社の抵抗感が少ない。経済産業省調査［2015］でも、CMS導入時には、子会社との合意形成が最も大きな課題となっている（44頁）。

21　参加会社の取引銀行が変更となれば、変更後の銀行EBへ変更する必要があり、契約変更や使い勝手が変わることになる。これも参加会社のCMS導入に際する抵抗原因の1つとなる。

CMS提携銀行選択に係る妥協によって歪められてしまう。

　以上のことから、国内CMSの提携銀行は１行運用が理想的である。しかし、企業内で提携銀行を１行とすることができない場合には、可能な限り提携銀行数を絞り込むことがCMSの運用効率を高めることにつながる。なお、経済産業省調査［2015］では、国内CMS提携銀行数に関する質問項目はなかった。コンピュータの技術面では、インハウスバンクのCMS統括口座間の自動的資金移動は不可能ではないと考えられる。現時点は歴史的低金利局面にあるが、今後金利上昇局面に入れば余剰資金の運用の重要性が増すことは必定であるため、企業が自社の主たるアプリケーションを採用する銀行のCMS統括口座へ、自動的に資金集中する仕組みが工夫される余地は大きい。

(5) インハウスバンクのスプレッド

　キャッシュ・プーリングのインハウスバンクのスプレッド（利鞘）は、各企業において機密事項と判断される可能性が高い。したがって、財務責任者は郵送アンケート調査において、質問者側の意図が十分伝わらない場合、通常財務責任者は回答しない可能性が高い。今回のインタビュー調査でどこまで情報開示してもらえるのか疑問もあったが、情報収集が難しい項目なので、あえてこれを質問項目とした。

　エネルギーＬ社は、年利0.005％ときわめて低い水準であった。エネルギーＡ社・陸運Ｂ社・陸運Ｄ社・化学Ｋ社・金属製造Ｍ社の５社は、年利0.1％〜0.25％と設定されており、現時点でのメガバンクや大規模地方銀行並みのスプレッドに設定されている。一方で、繊維Ｃ社は年利0.4％、機械製造Ｅ社・機械製造Ｇ社・陸運Ｈ社は年利0.5％で、上記の銀行と比較してやや高いスプレッドに設定されている。今回のインタビュー調査で、インハウスバンクのスプレッドを開示してくれたのは13社中10社と多かった（14社中１社はCMS未導入）。スプレッドと貸借規模が判明すれば、インハウスバンクの利鞘（売上総利益）が算定できるので、企業機密と判断して非公表とし

たと推測される会社は、非鉄金属F社・繊維J社・建設N社の3社であった[22]。

連結会計上は、インハウスバンクと参加会社の取引はいったん加算され、決算期ごとのインハウスバンクと参加会社の貸借取引残高は連結消去され、連結ベースでの利益が算定される。つまり、インハウスバンクの個別決算上はその利益を確保するために、そのスプレッドを高く設定することはありうるが、連結会計上は消去され、意味がないことになる。それよりも、参加会社が銀行より低い金利でインハウスバンクから借入れができ、銀行より高い金利で運用ができるようなスプレッドの設定、つまり参加会社の経済合理性を実現できる取引条件の設定がキャッシュ・プーリングをグループ内で普及・定着させる要因となる。CMS導入会社では、グループの財務方針として、銀行との貸借取引をせずにインハウスバンクを使うよう親会社から指示を受けている。この財務方針を有効に機能させるためにも、キャッシュ・プーリングのスプレッドは銀行を下回る設定を行い、連結経営基盤としてのCMSを機能させる必要がある。

しかし、インハウスバンクが金融子会社(ペーパーカンパニー)の場合には、CMS運営に必要な人件費を含む運営コストが必要となる。そして、連結納税を採用しない限り、個別法人ごとに申告納税しなければならないため、金融子会社(ペーパーカンパニー)を赤字にしない水準でスプレッドの設定がなされていると推測される。なお、経済産業省調査[2015]では、キャッシュ・プーリングのスプレッドに関する質問項目はない。

(6) 設備投資資金を扱う長期CMS

キャッシュ・プーリングは短期運転資金の効率的資金一元管理を目的としているが、長期CMSは設備投資資金の提供を目的としている点が相違する。長期CMSを運用しているのは、エネルギーA社・陸運B社・陸運D

---

[22] 詳細はAppendix 8を参照。インハウスバンクの貸借残高とスプレッドの両方が判明すれば、インハウスバンクの売上総利益の概算が判明する。インタビュー調査では、両方を回答してくれる会社が多く、これはインタビュー調査の有効性を示している。

社・機械製造Ｅ社・非鉄金属Ｆ社・機械製造Ｇ社・陸運Ｈ社・繊維Ｊ社・エネルギーＬ社・金属製造Ｍ社・建設Ｎ社の11社あった。長期CMSを運用していないのは、繊維Ｃ社と化学Ｋ社の２社だけであった（CMS自体を導入していない化学Ｉ社を除く）。この２社の不採用理由は、参加会社に長期資金ニーズがないことであった。

銀行に代替してキャッシュ・プーリングを導入し、グループ全体でインハウスバンクとの取引を優先する、ないしは銀行との貸借取引はしない財務方針を採用する場合、インハウスバンクで設備投資資金を扱うのは合理性がある。したがって、参加会社に設備投資資金のニーズ、つまり貸付期間が長期で固定金利での借入ニーズがあれば、親会社財務部や経理部は長期CMSを扱う必要性があると考えられる。

(7) キャッシュ・プーリングと長期CMSの連結総資産圧縮状況

キャッシュ・プーリングや長期CMSを導入して、銀行に頼らずにグループ全体の余剰資金を有効活用し、資金不足の参加会社へ貸付をすることによって、グループ全体の資産負債を圧縮し、ROAを高めることが可能である。では、これらはどの程度連結総資産を圧縮できているのか。

図表２－２では、キャッシュ・プーリングにおけるインハウスバンクの参加会社からの借入残高①、貸付残高②、聴取できた長期CMSの貸付残高③、貸付残高計④、借入残高と貸付残高の平均⑤、直近の連結総資産⑥、総資産比を表示し、一覧表にした。なお、化学Ｋ社はいずれの数値も十分な開示がなく、化学Ｉ社はCMS自体を未導入であったので、図表２－２から２社を除外した。また、繊維Ｃ社のインタビュー調査はできなかったが、調査票に回答してもらったので、図表２－２の対象に含めた。なお、長期CMSの貸付規模が非公表である会社は多く、貸付規模は正確に把握できていないため、総資産比は厳密なデータとはいえない課題が残る。以上の前提によって、12社のROA改善状況を算出した。

個社別にみると、エネルギーL社と機械製造M社は貸借がほぼバランスしているが、通常貸借はバランスしていない。調査対象会社の単純平均値では、キャッシュ・プーリングの借入残高①と長期CMSを含む貸付残高④は、偶然にもほぼバランスしていた。⑤は借入残高と貸付残高のギャップを小さくするため、これらの平均をとった。その結果、⑤の貸借平均値を総資産で除した総資産比（単純平均）は3.9％となった。つまり、キャッシュ・プーリングや長期CMSを運用することによって、連結総資産を3.9％圧縮できたことになり、連結経営において重要なROAの向上に貢献している。これは逆に、キャッシュ・プーリングや長期CMSを導入せず、銀行との取引を従来通り実施していた場合には、直近の連結総資産を約3.9％増加させる

図表2－2　総資産に占めるCMS借入残高ないし貸付残高の比率（総試算比）

（単位：億円）

	CP借入残高①	貸付残高			⑤=(①+④)/2	総資産⑥	総資産比(%)
		CP貸付②	長期CMS③	計④			
エネルギーA社	1020	160	1880	2040	1530	18290	8.4
陸運B社	1690	900	—	900	1295	28430	4.6
繊維C社	150	600	—	600	375	8230	4.6
陸運D社	880	30	—	30	455	19300	2.4
機械製造E社	390	460	—	460	425	6780	6.3
非鉄金属F社	250	1400	—	1400	825	27420	3.0
機械製造G社	290	200	—	200	245	16200	1.5
陸運H社	320	180	—	180	250	8940	2.8
繊維J社	130	210	—	210	170	4440	3.8
エネルギーL社	1490	110	1350	1460	1475	74120	2.0
機械製造M社	1260	1220	—	1220	1240	22610	5.5
建設N社	810	0	—	0	405	20290	2.0
単純平均	723	456	269	725	724	21254	3.9

（注）　CPはキャッシュ・プーリングの略。
（出所）　著者作成

要因となると解釈できる。

(8) CMS機能の採用状況

CMSの各機能であるキャッシュ・プーリング・長期CMS・ネッティング・CMS支払代行・GCMSが、各社においてどの程度採用されているのかを知るために、この質問を用意した。

図表2-3から国内CMSを導入していれば、その主要機能のキャッシュ・プーリングが導入されていることがわかる。また、インタビュー調査の結果、親子会社間取引が多く、参加会社間取引が少ないことをネッティングの不採用理由としたのが、機械製造G社と化学K社であった。一方その逆

図表2-3 インタビュー調査対象企業のCMS・GCMS導入状況

	CMS				GCMS	
	CP	長期CMS	ネッティング	支払代行	採否	地区
エネルギーA社	○60	○	○60	×	○7	限定なし
陸運B社	○66	○	○66	×	×	
繊維C社	○26	×	×	×	○30	欧州・北米・中国
陸運D社	○55	○	×	○25	×	
機械製造E社	○29	○	○29	○29	○14	欧州・北米・アジア
非鉄金属F社	○53	○	○20	○20	○250	欧州・北米・アジア
機械製造G社	○43	○	×	○20	○不明	欧州・北米・中国
陸運H社	○41	○	○34	○34	×	
化学I社	×	×	×	×	×	
繊維J社	○36	○	×	×	×	
化学K社	○16	×	×	×	○28	欧州・中国
エネルギーL社	○43	○	×	○不明	×	
金属製造M社	○75	○	○不明	○不明	○20	北米・中国
建設N社	○27	○	○27	○27	×	

(注) CMS・GCMSの各機能を採用している場合は○、不採用は×とし、○の右に参加会社数を表示している。CPはキャッシュ・プーリングの略。
(出所) 著者作成

で、親子会社間取引が多く、参加会社間取引が少ないことをネッティング採用理由としたのが、建設N社であった。インタビュー調査の回答だけから判断すれば、ネッティング採否の理由が異なる。

　ネッティングの導入目的は、インハウスバンクを含めた参加会社取引数と取引資金量の削減による、銀行振込手数料と取引資金コストの削減にある。機械製造G社と化学K社は、参加会社取引数と銀行振込手数料の削減効果は大きくないと判断した結果、ネッティングを採用していない。一方で、建設N社の参加会社は、親会社の業務を受託する事業が大勢を占めている。そして、親子会社間取引が多く、ネッティング件数は1000～1500件／月、ネッティング金額が約250億円／月と膨大であることから、銀行振込手数料と取引資金コストの削減効果が大きいと判断し、ネッティングを採用している。ネッティング採否の理由が異なるのは、財務責任者がグループ内取引の定量的な検証を実施しているか否かに左右されていると考えられる。

　CMS支払代行の経済的効果は、銀行振込手数料と支払資金量圧縮による資金コストの削減にある。インタビュー調査では、陸運D社が会計不正を予防する内部牽制効果を重視してCMS支払代行を採用し、CMS回収代行まで導入していることがわかった。また、エネルギーL社は、インハウスバンクが参加会社の支払いを立替払いするだけでなく、インハウスバンクが別の子会社に参加会社の支払申請と証憑の突合を委託し、内部牽制を機能させていることがわかった。このことから、企業はCMS支払代行の経済的効果とともに、内部牽制を機能させることを重視していることがわかる。経済産業省調査［2015］においても、CMS導入により実現した効果として、資金に関するコストの削減と資金管理に関する業務効率の改善が最大の効果となっているが、次いでグループガバナンスの強化と財務リスクに対する管理の高度化に効果があると評価している。このことから、CMS支払代行は内部牽制面で連結経営基盤に寄与する仕組みである。

(9) CMSの運用課題とその対応策

　財務責任者が国内CMSに対して認識している課題は何か、それにどのように対応しているのかを知るために、この質問を用意した。

　キャッシュ・プーリングでは、インハウスバンクが参加会社の借入限度額を設定して与信枠管理を行う。CMS参加会社には、自社の使用運転資金量の圧縮によって資金コストを削減したいという動機が存在する。そして、インハウスバンクにも連結経営を実現するために、グループ全体の効率的資金一元管理を実現したいという動機が存在する。一方で、参加会社は資金繰りを行わなくとも借入限度額範囲内であれば、必要な時に必要な金額をインハウスバンクから資金調達できる。その結果、参加会社の資金繰り精度が甘くなり、これが積み上がることによってインハウスバンクの参加会社からの借入金と貸付金の予想と実績が乖離し、インハウスバンクの効率的資金繰りは阻害される。これが、インタビュー調査における財務責任者の共通課題認識であった。

　ただし、化学K社と建設N社は、キャッシュ・プーリングを主に資金集中手段として活用している。この両社は、直近決算期末のインハウスバンクの参加会社への貸付残高がまったくなかったことからも、キャッシュ・プーリングの運用目的が資金集中にあることが裏付けられる。

　インタビュー調査の結果、陸運B社の財務責任者は、参加会社の資金繰りに対する意識が希薄となり、資金計画の精度が低いことを課題としていた。また、機械製造E社の財務責任者は、参加会社財務担当者の資金繰りの必要性が希薄化するため資金繰りができない会社があること、機械製造G社の財務責任者は、キャッシュ・フロー予測を入力しない参加会社もあること、繊維J社の財務責任者は、参加会社財務責任者の資金繰りが形骸化していることを指摘していた。

　参加会社の入出金予測精度向上への対策として、エネルギーA社は毎日参加会社ごとの前日の入出金予想と実績を確認し、この乖離額が1億円を超え

る場合は、その乖離理由をヒアリングしてインハウスバンク内で情報共有している。そして、4半期ごとの関係会社総務部長会議で、入出金予想と実績乖離額が1億円を超えた回数と理由を参加会社ごとにまとめて報告し、注意喚起している。機械製造G社も、インハウスバンクが参加会社のキャッシュ・フロー予実差異理由をヒアリングする牽制を実施している。

陸運B社は、参加会社の借入限度額に加えて、預け金限度額を設定している。これは参加会社がインハウスバンクへ計画外で過度に資金を預け入れしないようにし、インハウスバンクが余剰資金の効率的運用を行うことを意図している。非鉄金属F社は、参加会社の申請を条件に、資金繰りの精度が高い参加会社に優遇された借入金利を適用する仕組みを用意している。繊維J社は、参加会社に資金繰りの重要性を意識してもらうため、10〜20億円程度を設定し、1〜2年程度数社に優遇金利の預け金ができる制度を運用している。

元来、企業の支払いは締切日を設定して特定日に支払実行するため、出金予想は把握できる。しかし、入金はある程度の予想を立てられるものの、顧客からの支払いを待つ受動的なものであるので、入金日にばらつきがあり、通常入金日の予想がずれる。したがって、インハウスバンクが実施する参加会社の入出金予実管理では、入金の予実差異は大目にみて、出金の予実差異は厳しく評価する必要がある。

次に、機械製造E社では、CMSの導入によりインハウスバンクが銀行に代替する結果、参加会社が銀行からの情報収集機会がなくなり、金利感覚が希薄になったことを指摘していた。また、繊維J社では同様の理由から参加会社の金融知識が乏しくなったこと、金属製造M社では銀行の参加会社に対するモニタリング機能がなくなったため、親会社財務部でその機能を果たす必要性があることを述べていた。金属製造M社は、参加会社の金融知識の希薄化という課題に対して、年1回・国内2カ所でCMSと債権流動化の勉強会を実施し、財務知識の維持に努めている。このように、参加会社の金融知識が維持できるよう、インハウスバンクから参加会社への情報提供や勉強会

などの機会を提供することが求められる。

次にCMS支払代行では、その導入自体を検討ないし参加会社の拡大を検討している会社があった。エネルギーA社は、CMS支払代行を新たに導入することによって、グループの内部牽制とガバナンス強化、支払事務の効率化、銀行振込手数料の削減を実現したいと述べていた。また、陸運H社・建設NはCMS支払代行不参加会社があるので、参加会社を増やすことが課題であると認識していた。財務責任者にとって、CMS支払代行はネッティングよりも導入優先順位が高いと考えられる。

(10) GCMSの運用課題

近年の日本企業の海外進出の結果、どの程度GCMSが導入され、どのような運用が行われているのかを知るために、この質問を用意した。

経済産業省調査［2015］では、銀行等一部金融機関を除く東証一部二部上場会社のうち、海外地域ごとにGCMSを導入している会社が14％、海外地域間にまたがるGCMSを導入している会社が3％、親会社を含むグループで統一的なGCMSを導入している会社が6％で、合計23％がGCMSを導入していた。インタビュー調査では、対象会社14社のうち半数の7社がGCMSを導入していた[23]。

GCMSを導入している会社の海外売上高比率は、繊維C社は40％、非鉄金属F社は54％、機械製造G社は59％、化学K社は72％、金属製造M社は64％と高くなっている[24]。インタビュー調査では、目の届きにくい海外の事業規模割合が大きいことは海外事業リスクを高めているので、資金の流れを可視化し、これを把握することの重要性を財務責任者が認識していることがわかった。

また、欧州と北米では、共通通貨があって金融規制が少ないことから、東

23　7社のGCMS導入状況は、図表2-3を参照。
24　機械製造E社は株式非上場会社であるため、地区別売上高は不明であった。各社の海外売上高比率の詳細は、Appendix 8を参照。

南アジアと比べて比較的容易にキャッシュ・プーリングの導入が可能であることがわかった。一方で、中国をはじめ東南アジア地域では金融規制があり、かつ共通通貨がないため、キャッシュ・プーリングの導入が進まない実態がわかった。特に、中国では2015年9月から民間企業間貸付が解禁されたものの、実務ではこれが機能しておらず、化学K社・金属製造M社が委託貸付方式に近いキャッシュ・プーリングを行っている実態がわかった。

　GCMSを完全に機能させるには、海外の地域別に設置された統括会社に集約した運転資金を、日本のインハウスバンクへ資金集約することが最終目標となる。しかし、今回のインタビュー調査では、この連携がなされていないこともわかった。これをGCMSの課題としたのが、機械製造E社・機械製造G社・金属製造M社であった。ただし、金属製造M社は、米国の地域統括会社から日本のインハウスバンクへUSDで貸付を実施し、日本のインハウスバンクで外為リスクを負担してUSDを円転し、資金集中する事例を確認できた。また、金属製造M社は、日本で輸出受取代金のUSDをプールし、日本国内でUSD決済資金に充てて、為替リスクを回避する工夫を行っていることもわかった。

　また、GCMS参加会社間の債権債務の相殺は、総額ではなく純額で相殺することによって、為替手数料の大幅な削減効果を期待できることから、機械製造E社・非鉄金属F社・機械製造G社が手処理での純額の債権債務の相殺を実施していることがわかった。

　次章以降では、本章のCMS・GCMSの運用実態調査を活用して、キャッシュ・プーリング、ネッティング、CMS支払代行・CMS回収代行、GCMSのそれぞれの機能について、そのメカニズムと経済的効果や運用課題について、さらに考察を深めていく。

第3章

Cash Management System

キャッシュ・プーリングの経済的効果と運用課題

第1節 キャッシュ・プーリングの本質

　2000年以降の金融ビッグバン（会計ビッグバン）による連結財務諸表重視の制度会計の変更や連結納税制度等の導入に伴って、親会社中心主義の企業経営からグループ経営資源の全体最適を目指す連結経営へ、企業の評価軸が変更されてきた。経営資源のうちグループ資金は、きわめて重要性が高いものである。そして、連結経営基盤を構築する有力な手段がCMSである。

　そのCMSのうち、インハウスバンクがグループ企業の余剰資金を吸収し、これを資金不足のグループ企業に貸し付けることにより、グループ資金の効率的資金一元管理を実現するのが、キャッシュ・プーリングである。これはCMSの主要な機能で、経済的効果の高いグループ・ファイナンスの仕組みであり、キャッシュ・プーリングが組み込まれないCMSは存在しない。キャッシュ・プーリングは、資金を企業単位での個別最適ではなく、グループの全体最適を目指して、インハウスバンクで一元的かつ効率的に資金管理していくことに、その本質を見出すことができる。

　たとえば連結キャッシュ・フロー計算書において、営業活動によるキャッシュ・フローから投資活動によるキャッシュ・フローを差し引いた金額(A)が黒字になっているにもかかわらず、連結有利子負債(B)が減少していない場合は、資金の効率的活用がなされていないことになる。厳密にいえば、短期運転資金と長期設備投資資金は区分されて調達され、資金調達と運用の期間ミスマッチが存在するので一概には断定できないが、連結有利子負債の短期・長期の期間区分を取り除けば、上記の例では資金の効率的活用がなされていないことになる。つまり、理論的には(A)の資金で(B)を返済し、グループ企業全体では連結有利子負債を削減することが可能であるにもかかわらず、連結有利子負債を削減できていないことは、資産と負債を両建てで計上しており、グループ全体の資金効率が悪いと判断される。次に、図表3－1を用い

て考察する。

　CMS未導入企業は、B/S(1)のように決済用資金を銀行等から借入れ（短期借入金勘定）、決済日まで銀行預金等で資金運用（現預金勘定）している。つまり、借入金利を支払いながら預金金利を受け取るという資金構造となっている。当然借入金利のほうが高く、預金金利のほうが低いため、B/S(1)では現預金残高分2000の資金は逆ざやとなっており、この資金量分だけ資金効率が悪いことになる。

　一方、キャッシュ・プーリングを採用したB/S(2)では、短期借入金残高が現預金残高より大きく、キャッシュ・プーリングによって資産負債が圧縮されて短期借入金8000となり、B/S(1)のような逆ざやは生じない。B/S(4)は、上記と逆の資金余剰ポジションとなるが、同様にキャッシュ・プーリングによって資産負債が圧縮されて現預金8000となり、資金効率が改善される。

　具体的な数値を入れて資金コストを計算すれば、より明確となる。仮に、現預金2000、短期借入金10000、預金金利年利1％、短期借入金金利年利3％とすると、B/S(1)の資金コストは10000×3％−2000×1％＝280となり、B/S(2)の資金コストは8000×3％＝240となり、B/S(2)の調達資金コス

図表3−1　キャッシュ・プーリング導入前後のBSポジション

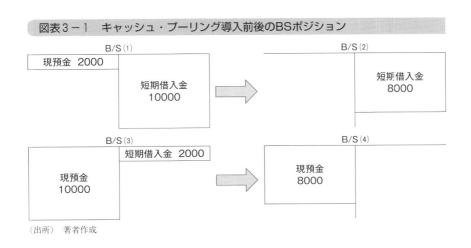

（出所）著者作成

トがB/S(1)に比べて40低くなる。同様に、B/S(3)の運用利益は10000×1％－2000×3％＝40に対してB/S(4)の運用益は8000×1％＝80となり、B/S(4)の運用益がB/S(3)に比べて40高くなる。

言い換えれば、キャッシュ・プーリングは資金効率の悪いB/S(1)をB/S(2)へ、B/S(3)をB/S(4)へ転換するものである。また、現金を借方（現金預金）と貸方（借入金）の両建てで保有せず、借方（運用ポジション）または貸方（調達ポジション）の残高の大きいほうに集中させ、運用金額または調達金額の圧縮を通じて、不要資金量を削減して資金効率の向上を図るものである。では、どのようにすれば資金効率の良いB/S(2)またはB/S(4)へ転換できるのか。

キャッシュ・プーリング導入前は、グループ企業は銀行と個別にその取引条件を交渉し、各社の資金調達と運用方針を決定したうえで、銀行の預金と融資を利用している。一般的に、各社の取引銀行は親会社のメインバンクとなることが多いが、メインバンク以外の銀行が有利な取引条件を提示すれば、その銀行との取引が成立することがある。いずれにしても、各社は個別最適で意思決定して銀行取引を行っている。その結果、無借金会社を除いて

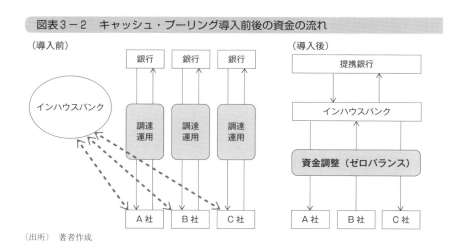

図表3－2　キャッシュ・プーリング導入前後の資金の流れ

（出所）　著者作成

前述したように、資金ポジションは預金と借入れが両建てで存在するという資金効率の悪い状況となっている。

1990年代前半にはインターネットと資金管理を行うアプリケーションが商用利用されていなかったので、大規模グループの親会社を含むインハウスバンクが金融機関借入れや社債発行により資金調達し、電話やFAXを使って、資金が必要な子会社へ貸し付けるグループ・ファイナンスを実施していた事例があった。この場合でも、インハウスバンクから子会社への貸付業務は、銀行より速くかつ低金利で貸付業務を実施できる利点があった。

一方キャッシュ・プーリング導入後は、グループ企業はインハウスバンクとのみ資金調達と運用を行い、各社の交渉窓口はインハウスバンクへ完全に一元化される。その結果、インハウスバンクが各社の日々の資金ポジションや資金繰り実績を把握できる。つまり、最終的なグループ全体の資金繰りは、インハウスバンクが統制可能となり、グループ財務戦略を立案しやすい環境が整う。グループ全体の資金繰りは後で考察することにして、次にキャッシュ・プーリングの運用環境整備について考察する。

インハウスバンクと参加各社は、提携銀行[1]にCMS専用の当座預金(以下「CMS口座」という)をそれぞれ1つ設定し、提携銀行は参加会社のCMS口座残高を毎日銀行営業終了後[2]に残高を0円とする自動操作を行う。つまり、この操作実行直前の参加会社の残高がプラスとなった場合には、ゼロバランスの操作実行により残高を0円とし、同一金額だけインハウスバンクのCMS統括口座をプラスさせ、結果として参加会社からインハウスバンクへの資金集中が生じる。その逆に、参加会社の残高がマイナスとなった場合に

1 　提携銀行を1行とするか複数行とするのかは重要な企業財務戦略であるが、ここでは仕組みを単純化するため、1行としている。
2 　通常は毎日銀行営業終了後（19時頃）にゼロバランスを設定することが多いが、コンピュータ上の自動操作なので、グループで統一した時間を任意に設定できる。インタビュー調査では、機械製造E社はキャッシュ・プーリングを主にインハウスバンクへの資金集中目的で利用しており、毎日13時にCMS担当者がゼロバランス実施指示を行う方法をとっていた。詳細はAppendix 8を参照。

は、ゼロバランスの操作実行により残高を０円とし、同一金額だけインハウスバンクの口座をマイナスさせ、結果として資金配布が生じる。これらは、提携銀行のコンピュータ上で毎日実行される。

　一方、参加会社のゼロバランス後のCMS口座残高を０円ではなく、あらかじめ設定したプラス金額だけ残して、資金集中ないしは資金配布する自動操作のことをターゲット・バランスと呼んで区別している。図表３－１で示したように、参加会社からみた預け金と借入金が両建てで残るため、ターゲット・バランスはゼロバランスよりも資金効率が劣る。これは、小口現金を参加会社の手元において現金決済する事例があり、参加会社からターゲット・バランスの要望が出ることがある。しかし、不正防止や内部牽制を有効に機能させるには、小口現金決済を極力廃止し、参加会社が振込決済に全面移行すれば、ゼロバランスの運用に支障は出ない。現時点では、企業の小口現金決済は特別な用途を除いて廃止している事例が多い。

　ゼロバランスは、提携銀行が毎日営業時間終了後[3]に自動的に実施するキャッシュ・プーリングの重要な機能である。これがなければ、キャッシュ・プーリングが機能しない。具体的に、図表３－３で数値例を入れて解説する。

　Ｎ日に得意先から参加会社への入金が100、同日に参加会社から仕入先への支払いが150あり、ゼロバランス直前の参加会社のCMS口座残高は▲50（100－150）とする。そして、Ｎ－１日にこの参加会社はインハウスバンクに30の預け金があったとする。Ｎ日夜間にゼロバランスを実行することにより、参加会社のCMS口座残高は０となり、インハウスバンクが参加会社へ50の資金配布を実行することになる。同時に、参加会社はＮ－１日のインハウスバンクへの預け金30を取り崩し、インハウスバンクから20の借入れを行うことになる。つまり、参加会社は決済に必要な資金をあらかじめ準備しておく必要がなく、預け金の取崩しと不足資金の調達をＮ日の同一時間に行う

---

[3]　通常は銀行営業時間終了後、19時に１回だけ実施する。エネルギーＡ社のキャッシュ・プーリングは、17時と19時の２回実施している。

ことが可能となる。その結果、参加会社は必要な時に必要な金額だけをインハウスバンクから調達でき、きわめて効率の良い資金管理ができる。これを極論すれば、参加会社はインハウスバンクと事前に決定した借入限度額内では資金繰りを行う必要がなくなる。これを本書では、オートマティック・キャッシュ・フローと呼ぶ。つまり、参加会社は詳細な資金繰りをしなくても、インハウスバンクから資金調達が可能となるため、資金繰りの精度が甘くなり、その結果インハウスバンクの資金予測が立てられなくなる。この課題をいかに解決していけばよいのか、CMS参加会社、インハウスバンク、提携銀行の資金繰りの関係をふまえて詳細は後述する。

　本節では、CMSの理論的背景となるプリンシパル・エージェンシー理論、内部・外部資本市場理論、金融仲介機能等の理論を用いて、CMSの中心機能であるキャッシュ・プーリングとその他の機能を説明できるのか否かについて考察を加えたい。

　まずは、CMSとプリンシパル・エージェンシー理論について考察する。キャッシュ・プーリング導入前は、銀行がメインバンクとして親子会社を含めて運転資金を貸し付けしており、債権者としてグループ企業各社の経営をモニタリングし、債権回収を確実なものとしていた。しかし、キャッシュ・

図表3-3　CMSの実際の取引事例

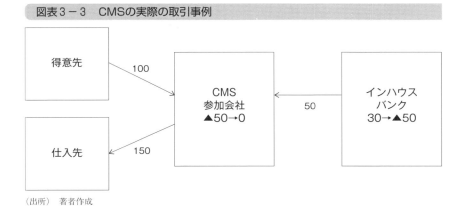

（出所）　著者作成

プーリング導入後は、インハウスバンクが銀行に代替することになり、参加会社から余剰資金の借入れや不足資金の貸付を行うことになる。つまり、プリンシパル・エージェンシー理論では、インハウスバンクがプリンシパル、参加会社はエージェントと位置づけることができ、エージェントの行動を常にモニタリングする必要（エージェンシー問題）が生じる。つまり、インハウスバンクとCMS参加会社には、連結経営を実現するために使用運転資金量の圧縮によるグループ全体の資金効率化という共通の利害が存在する一方で、参加会社が資金繰りを行わなくても借入限度額範囲内であれば、必要な時に必要な金額をインハウスバンクから資金調達できることになる（オートマティック・キャッシュ・フロー）。しかし、参加会社の資金繰りがあいまいになれば、インハウスバンクからみた参加会社からの借入金と貸付金の予算と実績が乖離し、最終的にはその乖離額はインハウスバンクに集約され、インハウスバンクに計画外の資金不足や資金余剰が生じることになる。その結果、インハウスバンクの資金効率を悪化させ、グループ全体の資金効率化は実現できない。また、インハウスバンクがCMS参加会社へ不採算事業の運転資金を継続的かつ自動的に供給するおそれがあり、不採算事業の撤退が遅れること（モラル・ハザード）も危惧される。

　オートマティック・キャッシュ・フローの課題を解決するには、参加会社の「CMS入出金予定／実績表」の精度を高めるほか、インハウスバンクに計画外の資金不足や資金余剰を極力生じさせないよう、インハウスバンクの参加会社へのきめ細かい対応を実施するしか方法がない。具体的には、年度ごとの取締役会での貸付限度額決議、貸付限度額超過時のペナルティ金利の適用と参加会社代表者の始末書提出、入出金予定と実績の乖離額の公表、キャッシュ・プーリングの預け金・借入金の金利優遇設定などを組み合わせて、この対策を講じる必要がある。これらは、インハウスバンク（プリンシパル）が参加会社（エージェント）のモラル・ハザードを日々モニタリングして、可能な限り入出金予実乖離額を抑制する行動をとることや、グループ全体の利益に合致した行動をとらせるというインセンティブをデザインする

事例に該当する。すなわち、キャッシュ・プーリングにおけるインハウスバンクと参加会社の関係や行動は、プリンシパル・エージェンシー理論で説明ができる。

次に、インハウスバンクには資本関係があるグループ企業内銀行の役割があるので、本来金融機関が保有する金融仲介機能・信用創造機能・決済機能という3つの機能があるのか否かについて考察する。

1つ目の金融仲介機能には、金融機関が借り手の情報を収集して、借り手の信用度を調査することや、返済が履行されるのかをモニタリングする情報生産機能[4]がある。そして、金融機関が借り手と貸し手の仲介を行うことで、貸し手にかわって金融機関がリスクを負担するリスク負担機能[5]がある。また、銀行が預金者へ預金証券など間接証券を発行して、個人から大量の資金を集め、企業が発行する本源的証券（直接証券）[6]と引換えに貸付を行っている資産変換機能[7]がある。

2つ目の信用創造機能[8]とは、銀行が支払準備分を手元に残して、その残りを貸出しに回す。そして、これを繰り返すと預金通貨が新たに生み出され、銀行預金残高はますます増加する機能である。

3つ目の決済機能とは、銀行預金口座を利用することで、現金を使わずに口座振替えや送金などができる機能であり、全国的な金融機関のネットワー

---

4 池尾［2010］は、「資金調達者に対する審査・監視活動を通じて金融機関が遂行している役割は、金融仲介機能のうちで、特に情報生産機能と呼ばれる」と述べている（31頁）。
5 池尾［2010］は、「投資を実行する者だけがリスクを負担すると、投資が抑制される。投資が見送られるよりも、資金の提供者がリスクの一部を負担することによって投資を実行するほうが資金提供者にとって有利である」とし、「リスクの移転（負担）が金融取引の大きな効果である」と述べている（19-21頁）。
6 企業が発行する手形や借入証書のこと。
7 池尾［2010］は、「銀行が資金調達者からその者に都合の良い金融手段を受け取り、資金提供者にはその者に都合の良い金融手段を受け渡すという働きを資産変換機能と呼ぶ」と述べている（189頁）。
8 池尾［2010］は、銀行の信用創造機能を「貯蓄の形成を先取りする方法で、先行して資金の貸付を行う働き」とし、「銀行の貸出金の大部分は、預金のまま保有されるので、手持ちの現金準備の何倍もの貸出を行うことができる」と述べている（58-59頁）。

クと豊富な資金量が裏付けとなって実現する。

川合[9]は、「商業銀行は決済機能と金融仲介機能を併せ持つ金融機関である」とし、「金融仲介機能は、資金余剰主体から資金不足主体への資金移動を仲介することである」と述べている。また「決済機能は、預金創造過程と預金振替過程からなっている」[10]とそれぞれの機能を述べている。

これら3つの機能は、インハウスバンクに備わっているのか。キャッシュ・プーリングにおけるインハウスバンクは企業内銀行であり、余剰資金を保有する参加子会社の資金を集中し、資金不足の参加子会社へ資金を貸し付けている。したがって、インハウスバンクも1つ目の金融仲介機能を有しているといえる[11]。言い換えれば、親会社が実質支配している子会社を対象にした金融サービスを行っているという点で、出資金を通じてつながりがある信用組合の機能と似通っている。

そして、参加会社の経営状況や信用度は、親会社などからの情報によって得ることができる。また、経営成績や財政状態を確認したうえで、参加会社の借入限度額を決定することができる。さらに、企業が銀行から直接的に借入れする場合と比べて、銀行の貸し渋り・貸し剥がしなどがないため、参加会社のインハウスバンクへの信頼度が高く、インハウスバンクも豊富な参加会社情報を得ることができる点から、インハウスバンクにも情報生産機能がある。また、長期CMSの場合も同様に情報生産機能があるが、設備投資資金など高額資金の貸付を行う場合には、合弁会社の会社救済や清算、合弁元との責任分担で紛争となる可能性が生じる点に留意が必要である。これを回避するには、合弁元との責任分担を明確にした株主間協定書などを利用してあらかじめ双方で合意しておく必要がある。この観点から、生産した情報をいかに活用するのかが重要である。

9 　川合［2010］
10　川合［2010］、161頁。
11　川合［2010］は、非銀行金融仲介機関においても、資金余剰主体から遊休資金を獲得し、この資金を資金不足主体へ仲介する機能があることを述べている。

次に、同一事業グループの中核会社や事業部からその傘下（出資）会社への貸付にかわって、インハウスバンクがグループ子会社へ資金を貸し付けることになる。したがって、インハウスバンクは、中核会社や事業部のリスク負担機能を果たしている。

　次に、キャッシュ・プーリングの場合、インターネットとアプリケーションを活用し、必要な時に必要な金額を参加会社へ貸し付けることから、銀行が預金者へ発行する預金証券など間接証券や、企業が発行する本源的証券が存在しない。したがって、銀行の場合と異なり、資産変換機能にないと考えられる。一方で、キャッシュ・プーリングの場合、参加会社はインハウスバンクへの預け金（貸付金）・借入金が日々生じ、相互に貸借関係をもつ。したがって、インハウスバンクには、銀行と異なり相互貸借機能がある。これらをまとめると、キャッシュ・プーリングには、金融仲介機能として、情報生産機能、リスク負担機能、相互貸借機能の3つの機能が存在すると考えられる。

　2つ目の信用創造機能であるが、インハウスバンクは銀行と同様に、支払準備資金を手元に残して、その残りを貸出しに回し、これを繰り返すと新たな資金を生み出し、インハウスバンクへの預け金残高は増加する。また、新たな参加会社が増加する場合や参加会社の短期運転資金の規模が拡大する場合には、インハウスバンクの参加会社からの借入額・貸付額が増大することになる。インハウスバンクは資本関係が強い参加会社を取引先とするため、銀行と比べて多数の預金者や融資先はなく、信用創造の規模は限定的であるが、インハウスバンクにも、信用創造機能がある。

　3つ目の決済機能について、川合は「預金通貨で決済が行われることは、決済が預金の振替えによって可能となる」と述べている。CMSキャッシュ・プーリングは、EBを使用して支払先企業へ送金することが前提となること、ネッティング・CMS支払代行・CMS回収代行に決済機能を有することから、インハウスバンクは銀行と同様に決済機能がある。

　これらを整理すると、図表3－4のとおりとなる。本書では、金融仲介機

能にCMSの特徴である相互貸借機能を加えた。銀行は預金と貸付が存在し、貸借両建てとなる。しかし、CMSではキャッシュ・プーリングによって、どちらか一方に片寄せとなる。その意味から、相互貸借機能はCMSにおけるインハウスバンクの特徴的機能である。そして、インハウスバンクは、参加会社との取引に限定されるが、全体として金融仲介機能をもつ。信用創造機能は、同様に参加会社との取引に限定されて銀行と比べると規模が小さい。決済機能は、ネッティングやCMS支払代行の機能があり、グループ内外の取引にかかわる決済機能が存在する。

図表3-4　インハウスバンクと銀行の機能

		インハウスバンク	銀行
金融仲介機能		○	○
	情報生産機能	○	○
	リスク負担機能	○	○
	資産変換機能	×	○
	相互貸借機能	○	×
信用創造機能		△	○
決済機能		○	○

(注)　該当する機能を○、該当しない機能を×、効果が限定される機能を△とした。
(出所)　著者作成

第2節　キャッシュ・プーリングの経済的効果

　キャッシュ・プーリングの運用環境をどのように構築するのかを資金の流れとともに述べる。インハウスバンクと参加会社A～D社は同一グループ企業であり、提携銀行の本店ないし同一営業部（同一支店も可）に当座預金（CMS口座）を開設し、このCMS口座を毎営業日終了後にゼロバランスする契約と、EBの利用契約を提携銀行と締結する[12]。さらに、インハウスバンクと参加会社の毎日の貸借取引額・貸借残高・利息計算は、キャッシュ・プーリングの貸借管理を行うアプリケーションを利用する。そして、このア

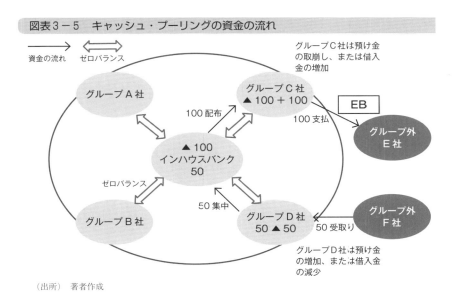

図表3-5　キャッシュ・プーリングの資金の流れ

（出所）著者作成

---

[12] 提携銀行を複数とするキャッシュ・プーリングの運用は可能であるが、キャッシュ・プーリングの考察を単純化するために、提携銀行を1行とした。

プリケーションはインタビュー調査で3メガバンクが主にクラウド方式で提供していることがわかった[13]。そして、ゼロバランス実施後の貸借取引データはこのサーバーに保管され、アプリケーションでこれを閲覧することになる。さらに、提携銀行の本店ないしは同一営業部にインハウスバンクと参加会社のCMS口座を設定すれば（提携銀行1行の場合）、グループ間の銀行振込手数料は不要[14]となる。

グループC社がグループ外E社へEBで100の支払いを行えば、ゼロバランス前のグループC社のCMS口座残高は▲100となる。ゼロバランスが実施されると、グループC社のCMS口座残高は＋100されて残高は0となり、同時にインハウスバンクのCMS口座は▲100となる。逆に、グループD社がグループ外F社から50の支払いを受けると、ゼロバランス前のグループD社のCMS口座残高は＋50となる。ゼロバランスが実施されると、グループD社のCMS口座残高は▲50されて残高は0となり、同時にインハウスバンクのCMS口座は＋50となる。これらの取引の結果、インハウスバンクのCMS口座残高は前日末残高より▲50となる。

グループC社の前日の預け金残高が100を超えていれば、インハウスバンクへの預け金100を取り崩す[15]。ないしは、前日に借入ポジションにあれば、借入金100を増加させることになる。また、グループD社は前日に預け金ポジションにあれば、インハウスバンクへの預け金50を増加させるか、ないしは前日の借入金残高50を超えていれば、借入金50を減少させることになる[16]。図表3－1で示したB/S(2)ないしはB/S(4)を実現できることになる。

---

13 CMS運用開始当初（1999〜2000年代）は、インハウスバンク側のサーバーにアプリケーションをインストールし、参加会社がインターネット接続したPCでアクセスし、貸借データ等を閲覧、入出金予定をデータ入力していた。その後は、銀行側でアプリケーションの管理やバージョンアップに対応するほうが効率的であるため、クラウド方式へ変更されてきた。

14 同一銀行で本支店間をまたぐ場合には本支店振込みとなり、銀行振込手数料が発生する。

15 仮に前日の預け金残高が30であれば、預け金30を取り崩し、70を借入れすることになる。

キャッシュ・プーリングを機能させるには、参加会社は常にCMS口座から支払いを行うか、ないしはCMS口座を代金受取口座に設定しなければならない。なぜならば、提携銀行のゼロバランスが機能していない口座を入出金口座にすれば、図表3－5の資金の流れが生じないからである。仮に、参加会社が顧客にCMS口座以外の入金口座を指定する場合には、当該口座からCMS口座へゼロバランス前に資金移動を行っておくか、別途CMS口座以外の入金口座からCMS口座へ自動的に資金集中する契約を銀行と締結し、CMS口座へ資金集中する必要がある（別途コスト発生）。そして、参加会社が資金効率化のためCMS口座を多用すれば、参加会社の銀行口座は、特段の理由がない限り提携銀行のCMS口座に集約されていく。つまり、参加会社の使用する銀行口座はCMS口座へ収斂し、提携銀行でない銀行との取引は減少していくことになる。

　次に、キャッシュ・プーリングの経済的効果について、具体的に数値を設定して検証する。

　キャッシュ・プーリングの基準金利は、インタビュー調査でも多く利用されていた3カ月物TIBOR[17]を使用し、年利0.21％[18]（2014年9月）とした。キャッシュ・プーリング預け金金利は、3カ月物TIBORを基準金利と定める場合が多い。なぜならば、年4回のサイクルで基準金利を見直せば、その時々の実勢金利を反映できるからである。そして、銀行預金年利0.1％、銀行スプレッド年利1.0％・銀行借入金年利1.21％（企業のTIBORスプレッド借

16　仮に前日の借入金残高が20であれば、借入金20を返済し、30を預け入れることになる。
17　TIBORは"Tokyo InterBank Offered Rate"の略で、正式には「全銀協TIBOR」と呼ばれている。日本の東京市場の銀行間金利のことである。全銀協（全国銀行協会）とは、国内で活動する銀行、銀行持株会社および各地の銀行協会を会員とする組織（銀行界を代表する団体）で、本団体が日本の短期金融市場の整備・活性化に資するために、無担保コール市場の実勢を反映した「日本円TIBOR（365日ベース）」を1995年11月から、また本邦オフショア市場の実勢を反映した「ユーロ円TIBOR（360日ベース）」を1998年3月から毎営業日に公表している（『金融経済用語集』）。
18　2017年5月の3カ月物TIBORは0.056％であった。これは2016年2月から日本銀行が実施運用しているマイナス金利政策の影響を受け、歴史的にきわめて低い金利となっているため、当該政策運用前の金利水準を前提とした。

図表3-6　銀行金利とキャッシュ・プーリング金利

	銀行金利 (%)	CP金利 (%)	総額 (億円)
(1) 預金・預け金	0.10	0.21	300
(2) 借入金	1.21	0.51	500
(3) スプレッド	1.00	0.30	

(注) (1)・(2)は参加会社からみた用語であり、(3)は銀行ないしはインハウスバンクのスプレッド（利鞘）、CPはキャッシュ・プーリングの略。
(出所) 著者作成

りで、0.21％＋1.0％）とした。また、キャッシュ・プーリング預け金金利は3カ月物TIBORの年利0.21％、インハウスバンクのスプレッドを年利0.3％、キャッシュ・プーリング借入金金利は年利0.51％、参加会社の借入金総額（平均残高）は500億円、預け金総額（平均残高）は300億円と置いた。そして、インハウスバンクは参加会社の貸借差額（資金不足分）200億円を銀行からTIBORと同一金利で資金調達を行ったと仮定した。その結果、キャッシュ・プーリングの主な経済的効果は、参加会社の銀行預金とCMS預け金の金利差(X)、参加会社の銀行借入れとCMS借入金の金利差(Y)、インハウスバンクがキャッシュ・プーリングによって得られたスプレッド(Z)の総和となり、その年間経済的効果は次のとおりとなる。

(X)　300億円×（0.21％－0.1％）＝0.33億円
(Y)　500億円×（1.21％－0.51％）＝3.50億円
(Z)　300億円×0.3％＋200億円×（0.51％－0.21％）＝1.50億円
(X)＋(Y)＋(Z)＝5.33億円／年

キャッシュ・プーリングの導入で得られるグループ全体の経済的効果は、5.33億円／年となる。参加会社は銀行預金より高い金利で余剰資金をタイムリーに運用できた結果0.33億円／年の利益を獲得でき、銀行より低い金利で運転資金をタイムリーに調達できた結果3.50億円／年の利益を獲得でき、銀

行が得ていたスプレッド（利鞘）はインハウスバンクに取り込まれた結果1.5億円／年の利益を獲得できる。

　キャッシュ・プーリングを有効に機能させ、グループ資金量を圧縮するために最も重要となるのは、キャッシュ・プーリングの金利設定である。参加会社は、銀行より高い金利で余剰資金が運用でき、銀行より低い金利で資金調達できれば、銀行よりインハウスバンクとの取引を優先するはずである。通常、銀行では本支店の運営コスト、ATM、システム開発投資回収コスト、人件費、不良債権償却コストなど多額のコストがかかっている。しかし、キャッシュ・プーリングは、そのアプリケーション利用コスト、通信コストは必要となるものの、銀行とは比較にならないほどコストが軽微である。したがって、キャッシュ・プーリングは参加会社が銀行と取引する金利と比べて、有利な金利設定ができるコスト構造にある。その結果、インハウスバンクに大きな利益をあげるのではなく、参加会社に利益が配分されるように、銀行より高い金利で余剰資金が運用でき、銀行より低い金利で資金調達できる金利水準の設定が可能である。

　キャッシュ・プーリングは銀行の預金・貸付機能をインハウスバンクが代替することになるため、国内銀行では長らくタブー視されてきたことが容易に理解できる。キャッシュ・プーリングにはグループ全体で大きな経済的効果があり、決済に必要な資金をあらかじめ準備しておく必要がなく、余剰資金の取り崩しや不足資金の調達を決済日と同一日に行えるので、きわめて経済効率の高い資金構造となる。

　これまで、キャッシュ・プーリングの本質・メカニズム・経済的効果について述べてきた。第3節～第5節では、キャッシュ・プーリングを運用することによって生じる課題や論点を指摘し、それにどのように対応したらよいのかについて考察を加えたい。

第3節 オートマティック・キャッシュ・フローへの対応

　インハウスバンクの資金ポジションは、参加会社からの借入金と、参加会社への貸付金とが同額となった状態が、グループ全体で最良の資金構造となる。なぜなら、インハウスバンクが銀行や債券市場から資金調達をする必要がなく、グループ内で貸借資金が完結するからである。しかし、通常はインハウスバンクが参加会社の資金過不足を一手に引き受けて資金繰りを行うことになるので、当然の帰結として、インハウスバンクは資金余剰または資金不足のポジションとなる。そして、参加会社の資金繰りの予定と実績の乖離をどれだけ極小化できるかによって、グループ全体の資金効率の良し悪しが決定される。そのため、インハウスバンクが参加会社の資金繰りをモニタリングすることによって、資金繰りの予定と実績の乖離を極小化する活動を行わざるをえない。

　言い換えれば、キャッシュ・プーリングはCMS参加会社に資金効率の向上という大きなメリットを提供する反面、CMS参加会社の資金繰りの甘さという連結経営上の課題を創出してしまう。つまり、各社の資金繰りの甘さ（予実差異）は、参加会社数の多さに比例して金額が積み上がる結果、最終的にはインハウスバンクの資金繰りを大きく狂わせる要因となる。これは、インタビュー調査で、多くの企業の財務責任者が国内CMSの課題と認識していたことである。

　CMSを導入する企業は、通常参加会社の毎日の入出金予定を把握する仕組みとして、「CMS入出金予定／実績表」[19]の入出金予定データの入力を参加会社に義務づけ、参加会社の資金繰りの甘さを極小化する活動を行っている。つまり、インハウスバンクにとって、その資金繰りを行う参考資料は参

19　Appendix 2参照。

加会社が作成する「CMS入出金予定／実績表」しかない。時系列にこの精度を高めるために、(1)参加会社の月次ベースでの日々の入出金予定把握、(2)参加会社の日次ベースでの入出金予定把握、(3)参加会社の入出金予定と実績対比を行い、入出金予実乖離の大きい参加会社へは警告を発する活動が必要となる。

インタビュー調査では、エネルギーA社は毎日の参加会社の1億円超の入出金予実乖離理由を把握し、四半期ごとの総務部長会議で入出金予実乖離件数と理由を公表し、参加会社フォローを実施している。また、機械金属G社も入出金予実乖離理由をヒアリングする牽制を行っている。また、非鉄金属F社は、入出金予実乖離が少ない参加会社には優遇借入金利を適用するインセンティブを用意している。

年度ごとの参加会社の借入限度額は、毎年度事業開始前に参加会社取締役会の決議を経てインハウスバンクへ提出し、インハウスバンクの経営会議で決議するなど厳格な運用を行って借入限度額[20]を設定することが考えられる。また、参加会社が借入限度額を超過した場合には、通常借入金利に替えてペナルティ金利[21]を設定すること、参加会社代表者のインハウスバンクへの始末書の提出を義務づけることなど、各種対応策を通じて参加会社の資金繰りの甘さを極小化し、インハウスバンクの資金繰り精度を向上させる方法が考えられる。

しかし、参加会社のCMS口座の出金日や金額は予測できるものの、参加会社の得意先からの入金日や金額は顧客都合が存在し、厳密には予測不可能である。したがって、出金予実乖離は厳しく、入金予実乖離は大目にみる必要があると考えられる。

---

[20] Appendix 3参照。「残高・利息明細表」の右下部分に、参加会社各社の借入残高限度額が表示されている。

[21] 参加会社の借入限度額内に適用される金利（通常金利）と、借入限度超過時に適用される金利（ペナルティ金利）が存在する。一般的に、借入限度を超過すれば、すみやかに参加会社はインハウスバンクへ連絡をしなければならない。そのうえで、ペナルティ金利を負担するルールとなっている場合が多い。

たとえば、「CMS入出金予定／実績表」は次のように運用するのが望ましい。前述の(1)は、月末4営業日程度前までに翌月1カ月分の参加会社のCMS口座に入出金される予定金額を総額で参加会社が入力し、インハウスバンクに自動集計され、月次ベースでの入出金予定が純額で把握できる運用とする。そして、(2)はさらに精度の高い入出金把握を実現するため、参加会社が入出金予定日の3営業日前までに、参加会社のCMS口座に入出金される金額を総額で入力し、インハウスバンクが日次レベルで自動集計し、資金調整するために活用する方法である。(2)の入力作業は、(1)に上書きされてその都度データ更新される仕組みとする。そして、(3)は、(2)の参加会社各社の入出金予定と入出金実績を反映させた数値をインハウスバンクと参加会社各社双方が確認でき、(1)～(3)は入出金予定と実績の乖離幅を極小化するための資料として活用する方法である。そして、これを予定・実績グラフに展開することにより、資金繰り精度の可視化が実現できる。

次にインハウスバンク側で資金余剰となる場合には、有利な運用先を選択して資金運用していく必要があり、資金不足となる場合には金融機関等からの資金調達が必要となる。また、インハウスバンクの格付けが高い場合には、債券市場で社債やコマーシャル・ペーパー（以下「CP」という）を発行して、資金調達することも可能である。また、CMS参加会社がCMS口座に高額の手形支払いを設定している場合には、インハウスバンクのCMS統括口座の資金が不足するという緊急事態も想定される。そこで、これを回避するためインハウスバンクの信用力を背景に余裕をもった当座貸越枠を提携銀行との協議のうえ、設定することも必要な対策である。以上が、CMS参加会社、インハウスバンク、提携銀行の資金繰り対策である。

その他、キャッシュ・プーリングには、CMS参加会社とインハウスバンクとの貸借残高や利息を算定して月末に会計仕訳を表示する仕組み[22]、貸借残高や利息を毎日表示する仕組み[23]、CMS口座の残高証明書の発行が必要

22　Appendix 4～6参照。
23　Appendix 3参照。

であると考えられる。

出資法および貸金業法の論点と解釈

　インハウスバンクはグループ内の参加会社を取引相手にしているが、銀行等の預金や融資と同等の金融サービスを行って利益を稼得しており、法人税等も負担している。インハウスバンクが親会社の経理財務部門であれば一事業部門としての経済活動であるが、別法人格を保有して銀行等に代替する金融事業を行う場合には、その法人の経済活動が社会規範である法令に違反していないかを検討することは重要である。第4節・第5節では、CMSがこれを想定していない各種法令に違反していないかどうか、どのように法令解釈をすべきなのかを考察する。なお、検討対象となるCMSの機能のうち、ネッティングとCMS支払代行などは大きな法令上の問題がないので、CMSの主要機能であるキャッシュ・プーリングを考察対象とする。

　出資法2条1項では、「業として預り金をするにつき他の法律に特別の規定のある者を除く外、何人も業として預り金をしてはならない」と規定されている。また、同法2条2項では、「預り金とは不特定かつ多数の者からの金銭の受入れであって、預金、貯金又は定期積金の受入れと同様の経済的性質を有するもの」と規定されている。そして、預り金（預金）について、銀行は銀行法、信用金庫は信用金庫法、信用組合は中小企業協同組合法と協同組合による金融事業に関する法律によって預金業務が規制されている。インハウスバンクが行う参加会社からの預り金は、出資法に抵触することはないのか。

　これに対して、「出資法の規制の趣旨は、一般大衆から預り金の受入れを行い、その業務がひとたび破綻をきたすようなことがあれば、一般大衆に不測の損害を及ぼすばかりでなく、社会の信用制度と経済秩序を乱すこととなる」[24]という見解が存在する。しかしながら、「一定の資本的なつながりがあるグループ企業内でのみ行われるキャッシュ・プーリングにおける資金移動

については、不特定かつ多数の者からの金銭の受入れには該当せず、出資法上禁止される預り金には該当しないと解することができる」[25]という見解がある。また、出資法2条の規定は、不特定多数を相手にする預り金を想定しており、「CMSはグループ内企業を対象とするものであり、そのグループ企業にはどのような企業も参加できるわけではなく、親会社を中心に一定の資本関係や支配関係により結びついた企業から構成されるのが通常である。したがって、CMSがそのようなグループ企業において採用される場合には、CMSにおける資金の預りは不特定多数を相手にしているとはいえないため、出資法2条の業として預り金をすることには該当しないと解される」[26]という見解もある。キャッシュ・プーリングは、出資関係が存在するグループ会社を参加会社としており、同一経済体とみなせること、出資法の趣旨である不特定多数を対象としていないことから、出資法に抵触しないととらえてよいと考えられる。

　次に、インハウスバンクが行う参加会社への貸付金は貸金業法に抵触することはないのか。貸金業法2条1項では、「貸金業とは、金銭の貸付け又は金銭の貸借の媒介で業として行うものをいう」と規定されており、同法3条1項では「貸金業を営もうとする者は……内閣総理大臣の、……又は……都道府県知事の登録を受けなければならない」と貸金業登録を義務づけている。また、金融庁の法令適用事前確認手続に基づく照会に対する回答から、「総議決権の過半数の議決権を有する親会社とその子会社との間の資金融通については貸金業に該当しないものの、親子会社が保有する議決権の割合が50％にとどまる場合、または実質基準により親子関係が認められる場合の親会社・子会社間の資金融通や、兄弟会社間の資金融通については貸金業に該当する」[27]との見解があった。

24　金融庁事務ガイドライン第三分冊：金融会社関係2－1－1(1)参照。
25　有吉・伊藤・谷［2012］、70頁。
26　小田［2007］、37頁。
27　有吉・伊藤・谷［2012］、70頁。

一方で、「CMSは、グループ企業に対し金銭の貸付行為を反復継続して行う仕組みであるが、CMSには資金調達コスト軽減、バランスシートの圧縮および決済手数料等の削減などの経済的有用性が認められることや、すでに相当数のグループ企業で実際にCMSが導入されている現状等にかんがみれば、CMSを一律に貸金業法の規制対象とすることは国民経済の適切な運営の観点から妥当でない」が、「貸金業登録のないまま会社法上の子会社ではない持分法適用会社や取引先等をCMSに取り込むことについては、特段の事情がない限り貸金業法上違法なしとはいえない」[28]との見解があった。

　このように、CMSが貸金業法の規制に服することがないことは解釈上の通説となっていたが、グループ企業内のどの範囲まで認められるのかは諸説あってあいまいであった。そこで、この論点を解決するにはインハウスバンクが貸金業登録をすればよいことになる。したがって、エネルギーA社は、運用開始当初インハウスバンクを貸金業法の登録がある金融子会社に担務させていた。また、陸運D社は、親会社が国内CMSを運用するために、親会社の定款まで変更して貸金業登録を行っていたが、その後貸金業登録を廃止している。また、機械製造E社は、現在も貸金業登録のある金融子会社がインハウスバンクを担務している。

　しかし、2014年4月1日に施行された貸金業法施行令（グループ会社間で行われる貸付に関する特例[29]）および貸金業法施行規則の改正によって、規制対象の貸金業の範囲が見直されることになり、「総議決権の過半数の保有などの関係でつながったグループ企業内であれば、従来のように直接の親子関係がある場合に限らず、兄弟会社間や叔父・甥会社間などであっても、貸金業法の適用対象となることなく資金融通を行うことが可能」[30]となった。ここに長らく法的解釈が分かれていたCMSの貸金業法に関する論点は、施行令等の改正によって明確化されたことになる。

28　小田［2007］、34-35頁。
29　貸金業法施行令1条の2六号イ。
30　有吉・伊藤［2014］、20頁。

第5節 その他の法的論点と解釈

　キャッシュ・プーリングは、インハウスバンクと参加会社との間で日々の預り金と貸付金が発生している。通常の銀行取引で必要とされる金銭消費貸借契約に基づく印紙税の納付が必要であれば、取引の都度その金額に応じた納税を要し、キャッシュ・プーリングの経済的効果を減殺してしまう。そこで、金銭消費貸借契約の締結や印紙税の納付は、どのように解釈して対応すればよいのか。

　元来、消費貸借契約は民法587条で、「消費貸借は当事者の一方が種類、品等および数量の同じ物をもって返還をなすことを約して、相手方より金銭その他の物を受けとることによって、その効力を生ずる」と規定されている。消費貸借契約の対象物は金銭に限られないが、これを約する契約書は印紙税法1号の3の文書となり、印紙税納付が必要となる[31]。しかし、印紙税法基本通達21条1項は、「……契約の申込みの事実を証明する目的で作成される単なる申込文書は契約書には該当しないが、……相手方の申込みに対する承諾事実を証明する目的で作成されるものは、契約書に該当する」と規定されている。つまり、当事者一方から他方への申込文書は、契約当事者間の基本契約書等に基づく申込書であることが記載されていて、一方の申込みによっ

31　金銭消費貸借契約金額に伴う納付すべき印紙税額。

契約金額	印紙税額(円)
10万円以下	200
10万円超50万円以下	400
50万円超100万円以下	1,000
100万円超500万円以下	2,000
500万円超1000万円以下	10,000
1000万円超5000万円以下	20,000
5000万円超1億円以下	60,000
1億円超5億円以下	100,000
5億円超10億円以下	200,000
10億円超50億円以下	400,000
50億円超	600,000
金額の記載のない契約書	200

て自動的に契約が成立する契約書でなければ、不課税文書である。また、他方から一方への承諾事実を証明する目的で作成されていない文書であれば、不課税文書に該当する。つまり、同通達同条2項1号および2号に課税文書として規定されている「契約の相手方当事者が別に請書等契約の成立を証明する文書を作成することが記載されているもの」を作成せず、同通達同条同項3号に課税文書として規定されている「契約当事者双方の署名又は押印があるもの」でもなければ、不課税文書と解される。したがって、キャッシュ・プーリングの運用当事者であるインハウスバンクと参加会社との間の基本契約として、相互金銭消費貸借契約を締結したとしても、日々発生する金銭消費貸借契約・申込書・請書等をいっさい作成しなければ、印紙税の納付は必要ないことになる。

　元来、キャッシュ・プーリングは連結経営における財務戦略のもとで実施される連結経営基盤であり、通常その参加会社は親会社である連結決算書作成会社の実質支配下にある会社が参加するものであるから[32]、キャッシュ・プーリングに関する運用マニュアル等を整備し、当事者相互に誤解のないように運用されていれば、個別の金銭消費貸借契約を作成しなくとも、トラブルが生じるおそれはない。したがって、キャッシュ・プーリングの経済的効果を減殺してしまう印紙税は、これを合法的に納税回避できる方策を講じる必要があるし、また前述のような運用を行えば、課税上の問題をクリアすることができる。また、実務上も日々インターネットで貸借取引がデジタル状態で成立しているため、印紙を貼付することも不可能である。

　しかし、インハウスバンクと参加会社との間で、日々預り金・貸付金が発生している現状を考慮して、あるいはM&A等によって参加会社がスピン・アウトすることを想定すれば、キャッシュ・プーリングの運用に必要なインハウスバンクと参加会社間の基本契約として相互金銭消費貸借契約を締結し、インハウスバンクと親会社の支配下から外れる参加会社の貸借残高の精

---

[32] 連結決算の重要性判定基準により非連結決算対象会社となっても、支配下にあるという点では同様である。

算について、取決めをすべきである。

　著者が構築にかかわったCMSでは、インハウスバンクと参加会社（60社）との間で、基本契約としてCMS相互金銭消費貸借契約を締結している[33]。本契約書には、CMSの目的、CMS参加資格、用語定義、預け金・借入金等の相互金銭消費貸借、貸付金残高限度額とその変更、利息計算方法等、利率とその変更、ゼロバランスが機能する限り実際は適用できない遅延損害金[34]、CMSから脱退しない限り実際の適用はない担保や借入金の弁済期限、契約期間、契約終了事由、契約終了時の処理、届出事項の変更等の事項を約定している。また、今回インタビュー調査の対象企業も相互金銭消費貸借契約を締結していることを確認した。

　キャッシュ・プーリングは、法人税法上論点となるものはないのか。具体的には、(1)インハウスバンクが金融子会社である場合、親会社からインハウスバンクへの資金提供時の設定金利、(2)親会社の財務・経理部門がインハウスバンクを担務する場合、参加会社のインハウスバンクへの預け金金利、(3)インハウスバンク貸付金の業績不振な参加会社への金利減免、債権放棄等の取扱いである。これら3点について、考察を加えたい。

　まず(1)の論点は、親会社に余剰運転資金が存在する場合や親会社が高い格付け評価を得ていて有利な調達金利で社債・CPを発行できる場合などで、親会社からインハウスバンクへの資金提供時の適用金利をどう設定するのかにある。親会社に余剰運転資金が存在する場合には、一般の運用市場において、運用利回りと運用リスクとのバランスで判断されると考えられる。言い換えれば、インハウスバンクへの貸付リスクと銀行大口定期などの運用リスクと比較して大きな差異はないかという観点で適用金利水準が判断される。つまり、資本関係のない取引相場と比較して、信用リスクが低ければ低い運

---

[33] 本契約書は脚注31のとおり、金額の記載のない契約書として200円の印紙を貼付し、契約期間を1年と設定したうえで、1年後の自動更新としている。
[34] 参加会社がグループからスピン・アウトした場合には、その精算にあたり遅延損害金を適用される場合がある。

用利回りしか得られないし、信用リスクが高ければ高い利回りを得られるはずである。この論点は、親会社からインハウスバンクへの法人税法上の寄付金と認定されるか否かにある。明確な判断基準は存在しないが、親会社からインハウスバンクへの貸付金利は、一般的に親会社が資金調達する金利よりも少しでも上回る金利設定であれば、法人税法上の寄付金と認定されるおそれは少ない。また、参加会社のインハウスバンクへの預け金金利と同一金利に設定しておけば、親会社の金利設定に関する恣意性を排除していると主張できる。つまり、インハウスバンクの参加会社として親会社を位置づけられていれば、法人税法上の問題は生じない。

次に、(2)の論点では、以下のような紛争が発生している[35]。香港に本社を置く投資ファンド、オアシス・マネジメントは東芝プラント（子会社）の発行済み株式数の4％を保有しており、2017年3月9日に東芝（親会社）[36]への預け金の差止めを求める仮処分を横浜地裁へ申請している。2016年12月末時点で、東芝プラントから東芝へのCMS預け金は約878億円、東芝プラントの純資産の69％を占めている。これを受けて、東芝プラントは同年3月末までに預け金全額を東芝から取り崩している。オアシス・マネジメントの仮処分申請理由は、この時期の東芝社債は信用力が低下した結果、年8〜10％の高利回りとなっていて、東芝プラントから東芝への貸付金利は年1.2％で無担保（通常CMSは無担保で運用）、上場子会社から上場親会社への貸付金利が低く設定され、上場子会社の株主の利益を損なっているとの主張である。これは、子会社株主と親会社株主に利益相反が生じていることを端緒として生じた紛争事例である。信用リスクの低い参加会社から信用リスクの高いインハウスバンクへの預け金は、金利相場を反映して金利設定がなされるべきで、キャッシュ・プーリングの低い金利を適用することは法人税法上も問題がな

---

[35] 「日経ビジネス」2017年5月15日号、13頁。
[36] 東芝の2017年3月期最終損益は、米国子会社ウエスチングハウスの米破産法申請に伴う損失などが響き、9500億円の赤字（2016年3月期は4600億円の赤字）だった。2017年3月期は監査法人の監査意見が付かずに、連結業績概要を発表し、5400億円の債務超過に陥った。

いとはいえない。なぜならば、信用リスクの高いインハウスバンクが低い金利で運転資金を調達できるからである。また、これは日本特有の上場親子会社の株主の利益相反事例でもある。

　最後に、(3)の論点について考察する。一般的に、親会社が子会社等に対して金利減免、債権放棄等の経済的支援を行う場合、原則として親会社の支援行為は法人税法上の寄付金として取り扱われる。しかし、法人税基本通達9－4－2は、「業績不振の子会社等の倒産を防止するために緊急に行う資金の貸付で、合理的な再建計画に基づくものである等その無償または低い利率で貸し付けたことについて相当な理由があると認められるときは、その貸付けは正常な取引条件に従って行われたものとする」と規定している。つまり、限定的で経済合理性があれば、親会社が子会社等に対して経済的利益の供与をしても寄付金課税されないことになる。しかし、「合理的な再建計画」について明確な判断基準があるわけではないので、債務超過、銀行取引停止処分、法的整理などに基づく債権放棄は別として、金利減免等は微妙な判断となる。したがって、インハウスバンクから参加会社への貸付金の金利設定は、参加会社ごとにその信用力を評価して段階的に設定する方法もあるが、キャッシュ・プーリング運営上一律金利とし、経済的支援は親会社の第三者割当増減資で対応するほうがインハウスバンクの恣意性を排除していることを主張でき、より望ましい。インタビュー調査において、参加会社の資金繰りの精度向上対策としての優遇金利適用はみられたが、参加会社の信用力に応じた金利設定を運用している事例はみられなかった。

　会社法362条は取締役会の権限を規定している。さらに、同条4項では、次に掲げる事項その他重要な業務執行の決定を取締役に委任することができないと規定されており、同条同項2号では多額の借財を列挙している。つまり、多額の借財は取締役が単独で決定することができず、取締役会において決議すべき事項となっており、キャッシュ・プーリングにおけるインハウスバンクの貸付限度額は、参加会社からみた多額の借財に当たると考えられる。しかし、何をもって多額の借財とするのかは、一律に判断できない。会

社の財政規模・営業状態・市況・借入額とその目的等が個別具体的に考慮されることになる。「取締役会の決議のない多額の借財は、原則として無効であるが、金融機関が善意である場合（善意であることにつき重過失がないことも必要）は保護される」[37]との見解もある。

　一方で、インハウスバンクの参加会社への高額な貸付は、重要な業務執行であるので、取締役会において決議すべき事項である。借入ポジションにある参加会社は他社への支払い（使途は問われない）を通じて、CMS口座残高をマイナスにし、自動的にインハウスバンクから借入れを行うことができる。これを阻止するには、インハウスバンクが提携銀行へゼロバランス機能を停止するよう依頼する以外、対抗手段は考えられない。しかしながら、これを実行すれば参加会社は資金繰りができなくなり、他社との決済が不能となる可能性がある。約束手形の支払いをCMS口座に設定している場合には、約束手形が不渡りとなり、銀行取引が停止される可能性もある。したがって、インハウスバンクが提携銀行へゼロバランスの機能を停止するということは事実上できない。この課題に対応するには、(α)貸付限度額設定の厳格な運用、(β)貸付限度額を超過した場合のペナルティ金利の運用等で対応する方法がとられている。

　(α)では、参加会社の毎年度事業開始前に、参加会社は単年度事業計画と資金計画をインハウスバンクへ提出し、インハウスバンクは参加会社の借入金負担能力および返済能力があるか否かを精査し、参加各社の貸付限度額を承認する手続が必要である。そして、インハウスバンクはこれを参加各社へ通知し、参加各社は取締役会で借入限度額を決議する必要がある（会社法362条4項2号への対応）。そのうえで、参加各社において計画外の資金需要が生じ、インハウスバンクが設定した貸付限度額の引上げが必要な場合には、再度参加会社の取締役会で引上後の借入限度額を決議したうえで、参加会社がインハウスバンクへこれを申請する。そして、これをインハウスバン

37　奥島［1998］、122頁。

クで精査し、最終的に貸付限度額を変更するという厳格な手続が必要ではないかと考えられる。

　(β)は、その超過額に対して通常金利より高いペナルティ金利を適用し、貸付限度額超過を抑止する効果を期待するものである。インハウスバンクは、参加会社の貸付限度額超過により計画外の資金調達が必要となり、たいていはインハウスバンクの余剰資金をこれに充てることになるが、余剰資金を上回る調達不足額を提携銀行に設定している当座借越枠を活用して資金調達することもある。したがって、ペナルティ金利はこの金利コストを当該参加会社に負担させることにより、一定の抑止力を機能させるものである。

　具体的なペナルティ金利は、インハウスバンクが提示することになるが、エネルギーA社の場合は、参加会社からみた預け金金利は年0.05％、借入限度額内の借入金利は年0.15％、借入限度額超の借入金利は年1.475％で運用されている（2017年6月現在）。このように、(α)貸付限度額設定の厳格な運用、(β)貸付限度額を超過した場合のペナルティ金利の運用によって、キャッシュ・プーリングのデメリットであるオートマティック・キャッシュ・フロー対策を講じる必要があると考えられる。

　次に、会社法356条に競業および利益相反取引の制限が規定されており、キャッシュ・プーリングの運用で考慮しておかなければならない事項について、考察を加えたい。ここでは、インハウスバンク（親会社の完全子会社とする）の取締役が財政状況の悪化した参加会社（以下「S社」という）の取締役を兼任しており、S社向けの貸付金利の減免措置を講じる場合を想定する。

　この場合、会社法356条の競業および利益相反取引の制限に該当することになる。インハウスバンクの代表取締役は親会社財務部門の責任者と同一人物になることも多いので、グループ財務戦略を執行するうえで重要な人物である。そのため、親会社取締役がインハウスバンク取締役を兼任していることや、インハウスバンクの取締役が参加会社取締役を兼任していることが考えられる。具体的には、インハウスバンク取締役がS社取締役を兼任してい

て、仮にS社が借入金利の減免措置を受ける場合には、インハウスバンクの利益を犠牲にして、もっぱら財政状況の悪化したS社の利益のために行動するおそれがあることから、利益相反取引としてインハウスバンクないしS社の取締役会承認を得る必要がある。しかし、インハウスバンクとS社が100％株式保有の関係（完全子会社）にある場合には、両社は実質的に同一体であるとみなされ、利益相反関係が存在しないと解されるため、利益相反取引には当たらない[38]と考えられている。

また、判例では1人会社で取締役が全株式を有していて、その取締役との間の取引は実質的には利益相反とならないから、取締役会承認は不要であるとしたものがある（最判昭45・8・20、民集24・9・1305）。その後も、会社運営等の実態から自己取引を排除したものがあり（東京高判昭51・12・16、判例時報847・90）、実質的に利益相反行為とならない場合には、形式的には自己取引となっても適用を排除するという考え方に立っていると考えられる[39]。しかしながら、S社が親会社の100％子会社でなく、利益相反行為と考えられる場合には、インハウスバンクないしS社の取締役会承認が必要となる。

たとえば、図表3－7の1の場合、インハウスバンクの代表取締役Aは、インハウスバンクのために行動すると考えられる。同時に、S社の代表取締役のために行動すると考えられる。したがって、会社法356条の「競業および利益相反取引の制限」に該当することになるため、インハウスバンクとS社双方で取締役会承認が必要となる。

しかし、図表3－7の2で、インハウスバンクの代表取締役Bが代表権を行使し、S社で代表取締役Aが代表権を行使する場合、S社において代表取締役AがS社利害を代表することになるため、S社において取締役会承認は不要となる。しかしながら、代表取締役Aはインハウスバンクの取締役でもあるため、インハウスバンクでの取締役会のみ承認が必要となる。

38　経営法友会会社法問題研究会［1999］、49頁。
39　山本・中園［1993］、125頁。

図表3-7の3では、インハウスバンクでは代表取締役Bが、S社では代表取締役Aがそれぞれの代表権を行使する。この場合、インハウスバンクには取締役Aがいるので、インハウスバンクでの取締役承認が必要である。しかし、S社の取締役D・EはBとは別人であるため、S社の取締役承認は不要となる。

　図表3-7の4では、取締役Aは双方で代表権を行使せず、代表取締役B・DがA・C・Eとは別人であるため、双方の取締役会承認は不要となる。

　以上の考え方は、取締役Xが所属する甲会社が、代表取締役Xが務める乙会社との間で取引をする場合、Xが甲会社の取締役としての義務を棚上げして、代表取締役を務める乙会社の利益を優先するおそれがあるという論理想定のもとに甲会社での取締役会の承認を経て取引の妥当性を担保させようという考え方である。さらに、会社法369条2項の規定[40]によって、取締役会承認決議が必要となる場合には、取締役として特別の利害関係を有するため、当該取締役は決議に参加できないことになる。

　また、会社法423条には取締役の株式会社に対する損害賠償責任義務を規定しており、同条3項では利益相反取引の制限に違反して取引を行った結果生じた損害について、取引をした取締役および取締役会でその承認を与えた取締役は連帯して損害賠償責任を負う規定があるため、十分な注意を要す

図表3-7　兼任取締役と利益相反取引

	インハウスバンク	S社
1	代表取締役A 取締役B　取締役C	代表取締役A 取締役D　取締役E
2	代表取締役A 代表取締役B　取締役C	代表取締役A 取締役B　取締役C
3	代表取締役B 取締役A　取締役C	代表取締役A 代表取締役D　取締役E
4	代表取締役B 取締役A　取締役C	代表取締役D 取締役A　取締役E

（出所）　経営法友会会社法問題研究会［1999］、50頁（一部表を修正）

る。

　次に、会社法847条では株主の代表訴訟が規定されており、親会社が株式公開企業である場合には多数の株主から監視を受けることとなるので、参加会社の債務不履行等はインハウスバンクの経営に悪影響を及ぼし、その経営責任は親会社に及ぶことが考えられる。これらに対応するため、参加会社の再建計画の策定や、これに基づく再建策をあらかじめ計画しておくことはキャッシュ・プーリングの運用において不可欠である。

　親子会社が株式公開し、上場子会社（参加会社）が上場親会社（インハウスバンク）のキャッシュ・プーリングに参加している場合の問題点について、東芝と東芝プラントの事例をすでに述べたが、もう一例について考察する[41]。前述した投資ファンドであるオアシス・マネジメントは、パナホームの発行済み株式数の9％を保有する第2位株主であるが、2016年9月以降キャッシュ・プーリング預け金に関連して、同社グループのCMSインハウスバンク（親会社）であるパナソニックに対して異議を提起している。具体的なオアシス・マネジメントの主張は、パナホームからパナソニックへの預け金は2016年末時点で約740億円、パナホームの純資産の47％を占めているが、パナホームの現預金は親会社のために使われており、パナホームの成長投資に使われておらず、パナホーム株が割安となっているというものである。これに対して、パナソニックは2016年12月20日に、パナホームを株式交換で完全子会社化すると発表した。その後、2017年4月21日に株式交換方式を撤回し、TOB方式での買収方針へ転換、同年4月28日にTOBを開始している[42]。これら一連の問題の根底にあるのは、親子会社の株式上場に関して、預け金が子会社側の株主と親会社側の株主に利益相反が生じていることを端緒として生じた問題事例である。これらの事例から、親子会社が上場し

40　会社法369条1項では、取締役会の決議は、議決に加わることができる取締役の過半数が出席し、その過半数をもって行う規定がある。そして、同条2項では、同条1項の決議について、特別の利害関係を有する取締役は議決に加わることができないという規定がある。

41　「日経ビジネス」2017年5月15日号、13－14頁。

ている場合のCMS運用は、株主の利益相反に十分な注意を要する。

---

42 オアシス・マネジメントは、パナソニックのパナホーム株TOBに反対しており、同年4月上旬にオアシス・マネジメントが保有していた8.95％のパナホーム株を売却、3.4％へ引き下げたことが同年6月20日に関東財務局へ提出された報告書で判明した（「日本経済新聞」（朝刊）2017年6月21日）。

第4章

Cash Management System

長期CMSの運用課題

キャッシュ・プーリングは、インハウスバンクが参加会社の余剰資金を運用し、不足資金を提供する短期運転資金の仕組みである。一方で、参加会社には長期設備投資資金を調達するニーズが存在する場合がある。また、グループ財務方針として、参加会社は銀行に優先してインハウスバンクを使用するよう、一般的には取決めがなされている。では、インハウスバンクは長期設備資金をどのようにして参加会社へ提供すればよいのか。

　キャッシュ・プーリングでは、短期変動金利であるTIBORが基準金利となる場合が多い[1]。しかし、長期設備投資資金を短期変動金利で調達した場合、企業は金利変動リスクを抱えることになり、投資計画の収支を狂わせてしまう可能性がある。したがって、長期設備投資資金は、長期固定金利で資金調達しなければならない。インハウスバンクが参加会社へ長期設備投資資金を貸し付ける場合の資金調達方法は、次の3つの方法が考えられる。

　1つ目は、親会社ないしはインハウスバンクが、シンジケート・ローンを含めて金融機関から長期資金を固定金利で調達する方法である。これは、最も取り組みやすい方法である。2つ目は、格付けを取得した親会社が、社債を発行して長期資金を固定金利で調達する方法である。親会社の信用力に依存するが、格付けの取得や引受金融機関との交渉やコストが必要である。前述した企業財務責任者に対するインタビュー調査では、この2つの方法が一般的に採用されていた。

　3つ目は、インハウスバンクがキャッシュ・プーリングによって参加会社から集中した資金を活用する方法である。インタビュー調査では、一部の企業で、キャッシュ・プーリングによって参加会社から集中した資金、つまり調達した短期資金を変動金利のままにし、調達金利を固定せずに、インハウスバンクが参加会社へ長期固定金利で貸し付けている事例が確認された。しかし、インハウスバンク側からみると、変動金利で資金調達し、長期固定金利で貸し付けることになるため、インハウスバンク側が金利変動リスクを抱

---

[1] TIBORは日本の東京市場の銀行間金利であり、毎日公表されているため、客観的な金利指標として使用しやすいからである。

えることになる。したがって、この方法は避けるべきである。この方法を採用する企業の財務担当者は、当該企業はインハウスバンク側が常に資金余剰となることを前提としており、資金不足となることを想定していないからである。しかし、インハウスバンクの資金ポジションは資金余剰から資金不足へ変化する可能性があること、キャッシュ・プーリングの金利は変動することから、これは推奨できない。では、キャッシュ・プーリングによって参加会社から資金集中した短期資金をどのように活用すればよいのか。

図表4－1で示すように、キャッシュ・プーリングによって参加会社から集中した短期資金を活用し、変動金利を金利スワップで固定金利に変換し、これを参加会社の設備投資資金に活用する方法がある。インハウスバンクが参加会社Aから変動金利で借入れを行っている（参加会社Aはインハウスバンクへ預け金をしている）場合は、インハウスバンクが参加会社Aへ変動金利を支払わなければならない。そこで、インハウスバンクは銀行からTIBORベースの変動金利を受け取り、固定金利を支払う金利スワップ契約を締結する。その結果、この変動金利（TIBOR）は相殺されて固定金利だけが残ることになる。インハウスバンクにとって、支払金利は固定金利となり、参加会社Bからは固定金利を受け取ることによって、金利変動リスクを回避することができる。図表4－1は単純化するため、変動金利の支払いを参加会社A

図表4－1　金利スワップの金利の流れ

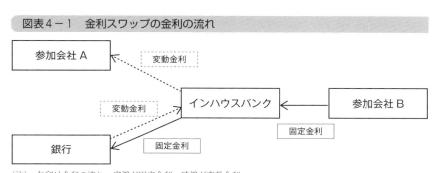

(注)　矢印は金利の流れ、実線が固定金利、破線が変動金利。
(出所)　著者作成

の1社としているが、参加会社全体で、インハウスバンクの金利スワップの想定元本を下回らない程度の残高の余剰資金を保有しているならば、図表4－1の金利スワップは機能する。そのうえで、インハウスバンクと参加会社Bは、あらかじめ決めておいたインハウスバンクの利鞘（スプレッド）を上乗せして、インハウスバンクが参加会社Bへ長期固定金利貸付[2]を実施する。これが、インハウスバンクの余剰資金を活用した、長期固定金利での設備資金貸付方法である。

また、インハウスバンクが参加会社からキャッシュ・プーリングの預け金より高い長期固定金利の預け金を募って、これを元手に設備資金を必要とする参加会社へ長期固定金利で貸付を行うことも可能である。ただし、この預け金と貸付金は貸借期間を一致させる必要があるので、契約期間中の両方の解約を禁止とするか、貸付金が途中返済される時には預け金も同時に解約することによって、インハウスバンクの不必要なコスト負担を排除する工夫が必要である。

共通するのは、インハウスバンクは必ず長期資金は固定金利で調達し、参加会社へ固定金利で貸し付けることである。なぜなら、インハウスバンクの金利変動リスクを排除しなければならないからである。また、第3章第5節のその他の法的論点と解釈で述べたように、長期CMSの場合、インハウスバンクの参加会社への貸付金額が多額となることが多いため、相互金銭消費貸借契約に基づいて、インハウスバンクが参加会社から合意した内容の貸付条件を記載した申請書を受け取り、印紙税納付義務を不要とする工夫が必要となる。インタビュー調査において、長期CMSを導入している企業はこの

---

[2] インハウスバンクから参加会社への貸付は、貸付元本の期日一括返済、元金均等返済、元利金均等返済などの返済方法、返済期間などを自由に設計することが可能である。また、スプレッドも市中固定金利との比較をしながら、参加会社に有利な金利となるよう設定することが可能である。ただし、インハウスバンクが銀行に支払う金利よりも参加会社から受け取る金利が低い場合（マイナス・スプレッド）は、法人税法上の寄付金認定を受ける可能性が高い。そのため、インハウスバンクは参加会社からプラス・スプレッドが得られるような貸付金利の設定が不可欠となる。

ような対応を実施していることを確認した。

　元来、参加会社の長期設備資金の特徴は、契約期間が長期にわたること、資金量が大きくなること、金利条件が大きな要因となることがあげられる。契約期間が長期となり資金量が大きくなれば、借入れを行う参加会社の財務体質や投資判断について、キャッシュ・プーリングよりいっそう厳密な貸付判断が求められる。つまり、インハウスバンクが参加会社へ長期CMSによって貸し付けるのか、親会社が参加会社への増資で対応するのがよいのかを親会社側で判断する必要がある。グループ内に分譲マンションや宅地開発など不動産事業を営む参加会社が存在する場合に、年度ごとに長期CMSの貸付残高限度額を設定して、案件ごとに長期CMSを活用することも考えられる。

　インタビュー調査では、長期CMSは各社で次の運用が行われていたことがわかった。陸運B社は、最長5年の固定金利貸付（実行直近のLIBOR[3]＋0.2％、スプレッド非公開）であった。ただし、インハウスバンクの資金調達はキャッシュ・プーリングの余剰資金を利用しており、金利変動リスクはインハウスバンクが負担しており、改善が必要であるといえる。

　陸運D社は最長10年の固定金利貸付（スプレッド0.1％）、機械製造E社は5〜7年の固定金利貸付（スプレッド0.45％）、非鉄金属F社は5〜6年の固定金利貸付（スプレッド非公開）、機械製造G社は5年単位での固定金利貸付（スプレッド非公開）、陸運H社・繊維J社は3〜5年の固定金利貸付（スプレッド非公開）、金属製造M社は6カ月・3年・5年単位での固定金利貸付（スプレッド0.1％）であった。特に、エネルギーA社は貸付規模が1880億円、エネルギーL社は貸付規模が1460億円で、業界の特性として設備投資の需要が大きいことがわかる。

　次に、プリンシパル・エージェンシー理論との関係性もあるが、CMSと

---

[3] London Interbank Offered Rateの略。ロンドンのインターバンク取引で資金の出し手から提示される金利のこと。

内部・外部資本市場理論について考察する。鈴木[4]は、「持株会社は内部資本市場を形成し、一方では資金的資源を配分する機能をもち、他方では資金的資源以外の資源の配分機能をもっている。そして権限によって資源を配分するが、配分される資源の種類は違う。そこで、持株会社という組織がどのような資源を配分するのに適合的かどうかが、その持続性を決める要因となる」と述べており、持株会社には内部資本市場の機能があり、経営資源配分権限があることを指摘している。

Gertner[5]は、「内部資本市場では、企業本部（head quarter）が外部資本市場の貸し手よりもプロジェクトを正確に監視することができ、グループ子会社の業績を基準にする資金の再配分を効率的に行うことができる」と述べている。さらに、王[6]は、「多国籍企業の企業本部は、多くの部門のなかからリスクと収益性を考慮して、質の高いプロジェクトを選び、当該プロジェクトが適切に実行されるようにモニタリングを行うことができる。つまり、内部資本市場における企業本部は、外部資本市場の投資家の代わりに代理モニタリングを行うことによって、エージェンシー・コストを節約できる」と述べている。Gertnerと王は、ともに内部資本市場のほうが外部資本市場よりもモニタリング機能が強く、資本再配分機能が効率的であることを指摘している。

逆に、武田[7]は、「英国などでは持株会社組織によって内部資本市場の機能が拡大し、投資家は持株会社への投資を担うことになったが、それは長期の資金調達に伴うリスクを投資家に負わせるのではなく、仲介する持株会社がその一部を負担することで、資本市場における資金配分の効率性を高めようとする制度的な工夫という側面をもった。しかし、巨大企業に対する資本市場の規律づけが、内部資本市場の展開によって間接化したことは同時にマイ

---

4 鈴木［1988］
5 Gertner et al. ［1994］
6 王［2006］
7 武田［2007］

ナス面をもっていた。これは、市場経済メカニズムの機能を制限するものであったから、そこに非効率な資金配分が生まれる余地があった。また、資本市場は有力企業の株式発行が消極化することによって、空洞化される危険を伴うことになった」と述べている。

米澤[8]は、「企業全体における多角化の切り口、企業本部と事業部との間に生じる問題点がある。内部資本市場には企業内本部対事業間の市場を想定している。実際には、担当者の交渉力に基づくところが多い資本配分決定プロセスである。市場ではないので、おおいにミスアロケーションが起りうる。この場合の大半の原因は、自己事業部の拡大を図るエージェンシー問題である」と述べており、内部資本市場が経営資源配分を誤らせてしまう問題点を指摘している。

ただし、王は「資金需要者（企業各部門）と外部投資家との間に金融仲介役を果たす企業本部またはインハウスバンクが入り、外部投資家は資金の使途や事業の収益状況などの情報を把握できなくなる問題が存在する。具体的には、資金がどの部門に配分され、その部門の経営者がいかなる投資意思決定を行ったか、当該部門の事業収支の見通しがどうかなどの情報について、投資家はチェックしにくい。その結果、内部資本市場を効率的に機能させるには、企業本部に各子会社を有効にモニタリングさせると同時に、外部資本市場に対して企業本部に適切な情報を開示させるシステムを構築しなければならない」と述べている。つまり、内部資本市場のほうが、外部資本市場よりもモニタリング機能が強く、資本再配分機能が効率的であることを指摘しながらも、外部資本市場に情報開示することによって、内部資本市場の経営資源配分を誤らせてしまう問題点を解決すべきであると述べている。

長期CMSを運用する場合、単に長期資金を貸し付ける（期間1年超・固定金利・元本一括返済など）のではなく、そのプロジェクトの収益性、事業発展可能性、グループ全体の企業戦略適合性、社会性などがその他の案件と比

8　米澤［2008］

べて、優位性があるか否かを検討しなければならない。通常は、グループの投資評価委員会での議論や意見をもとに、プロジェクト自体に投資適格性があるか否かを最優先して検討し、意思決定された後にインハウスバンクは長期資金を調達し、参加会社へ資金貸付を行うことになる。

Gertnerと王が指摘するように、内部資本市場の長所はプロジェクトを正確に監視することができ、グループ子会社の業績をもとに資金の再配分を効率的に行うことができる点にある。一方、武田と米澤が指摘するように、内部資本市場の短所は、巨大企業に対する資本市場の規律づけが、内部資本市場の展開によって間接化したことにある。

この内部資本市場の長所を活用して短所を解決するには、短期運転資金にはキャッシュ・プーリングを使用し、長期設備投資資金には長期CMSを使用するという財務方針をグループ内で共有することが必要である。そして、長期CMSの運用にあたっては、内部資本市場を効率的に機能させるために、社内の投資評価委員会での議論や意見をもとに、経営会議等による意思決定が必要である。そのうえで、外部資本市場へ適切な時期に適切な情報発信を行うことが必要である。その具体的情報開示は、有価証券報告書・社債目論見書・IR・プレス発表などの方法が考えられる。

第5章

Cash Management System

ネッティングのメカニズムと運用課題

第1節 ネッティングの本質

　グループ全体の資金効率化を図るために、グループ内取引に係る決済資金量を減少させる、ないしはゼロにすることはできないか。CMSにおいて、これを実現するのがネッティングである。本章では、CMSの機能のうち、参加会社間で生じる債権債務を相殺するネッティングに限定して考察を進める。ネッティングの経済的効果は、参加会社の債権債務を相殺することによって、運転資金量を圧縮して資金コストを削減する効果と銀行振込手数料を削減する効果の2つにある。

　Capstaff[1]は、英国とフランス企業を事例として、共通通貨ユーロを用いて外為リスクを削減できるメリットを論じている。債権債務の相殺をする場合には、共通通貨を用いることにより、大きな経済的効果が生じる。なぜなら、複数通貨の価値が変動すれば、相殺金額を修正したうえでないと、相殺価値自体が確定しないからである。Shapiro[2]・Srinivasan[3]・Anvari[4]も、グループ会社間の債権債務の差額を相殺する方法について考察している。ただし、これらはCMSを前提としない債権債務の差額を相殺する伝統的な決済手法である。

　本書では、参加会社間で統一決済日を設定して、債権債務の差額（純額）を決済するネッティング（第一法）、参加会社の債権債務をネッティング・センターへの貸借勘定に付け替えて、会計上で債権債務の総額を相殺するネッティング（第二法）を区別する。第一法・第二法は、CMSを前提としない場合と、CMSを前提とする場合の両方に活用できる債権債務の相殺手法

1　Capstaff［2005］
2　Shapiro［1978］
3　Srinivasan［1986］
4　Anvari［1986］

である。さらに、CMSを前提とするCMS口座統制によって債権債務の総額をネッティングする手法は、第三法として区別する。

　第一法・第二法は、CMS実務者に一般的に知られているネッティング手法である。しかし、第三法は先行研究において論じられていないネッティング手法である。第三法はCMSのキャッシュ・プーリングの機能を活用したネッティング手法であり、CMSを研究する方へ新たな知見を提供できるものである。この第三法は、キャッシュ・プーリングとネッティングのメカニズムを探求することによって生み出されたものである。したがって、著者は、CMSのメカニズムを深く探求することがきわめて重要であると考えている。そこで本章において、第一法・第二法・第三法が参加会社の債権債務の相殺をなぜ実現できるのかについて考察する。

　ネッティングの相殺メカニズムを考察する前に、ネッティングの本質を考察する。Polak[5]はCMSのネッティングを前提としている。「グループ企業の資金・通貨転換・運営管理コストを効果的に削減するには、インハウスバンクを活用して、マルチラテラル・ネッティングの導入が必要である」と述べている。そこで、ネッティングを簡素化した取引を図示することによって、ネッティングの類型、本質的な仕組み、経済的効果を確認する。

　ネッティングを決済される通貨で類型化すれば、シングル・カレンシー型とマルチ・カレンシー型の2種類となる。同一通貨圏内において、これを媒介通貨とする相殺決済はシングル・カレンシー型となり、日本国内の企業間で円を媒介通貨とする相殺決済はこれに当たる。そして、クロスボーダーでのネッティングのように、複数通貨を媒介通貨とする相殺決済はマルチ・カレンシー型となり、複数の通貨圏内でのネッティングを行うものである。

　一方、相殺決済される取引の形態で類型化すれば、バイラテラル型とマルチラテラル型となる。本節ではシングル・カレンシー型を前提とし、参加会社4社すべてで双方向の決済が発生すると仮定して、(1)ネッティングなし、

5　Polak［2010］

(2)バイラテラル・ネッティング、(3)ネッティング・センターを活用したマルチラテラル・ネッティングの３つの類型で取引数がいくつになるのかをみていく。なお、海外ではネッティングが禁止ないしは制限されている国があるが[6]、日本国内では商法529条（交互計算）に根拠条文があり、ネッティングが可能である[7]。また、マルチラテラル・ネッティングでは、参加会社間の債権債務をネッティング・センターへの債権債務に付け替えることにより、取引数を会社数まで絞り込むことが可能となる。その理由は、会計仕訳を用いて後述することとし、ここでは最大取引数の差のみを比較する。

最大取引数は(1)のネッティングなしでは12、(2)のバイラテラル型では６、(3)のマルチラテラル型では４となる。つまり、(2)の最大取引数は(1)の50％減、(3)の最大取引数は(1)の66％減となる。また、最も取引数の少ないマルチラテラル型では、最大取引数が参加会社数と等しいことがわかる。参加会社数を３社としなかったのは、３社の場合にはバイラテラル型とマルチラテラル型の取引数が同じとなり、相違点が明確にならないからである。言い換えれば、参加会社数が３社の場合にはバイラテラル型とマルチラテラル型の取引数削減効果は同じとなる。

これを帰納法的に展開すれば、参加会社数が５社の場合の最大取引数は(1)が20、(2)が10、(3)が５となる。そして、参加会社数が６社の場合の最大取引数は(1)が30、(2)が15、(3)が６となる。同様にして、参加会社数が７社の場合の最大取引数は(1)が42、(2)が21、(3)が７となる。つまり、参加会社数をnとした場合の最大取引数は、(1)ネッティングなしの場合にはnP_2の順列が成立し、(2)バイラテラル型の場合にはnC_2の組合せが成立し、(3)のネッティング・センターを活用したマルチラテラル型の場合には、nの取引数が生じることになる。また、取引数削減率は(2)は(1)の50％、(3)は(1)の［｛1－1／(n－

---

[6] 詳細は、第７章のGCMSの運用課題で扱う。
[7] 商法529条では「交互計算は、商人間又は商人と商人でない者との間で平常取引をする場合において、一定の期間内の取引から生ずる債権及び債務の総額について相殺をし、その残額の支払をすることを約することによって、その効力を生ずる」と規定されている。

図表5-1 ネッティング取引数

(1) ネッティングなし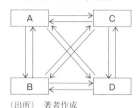

(2) バイラテラル型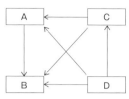

(3) マルチラテラル型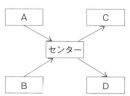

(出所) 著者作成

1)｝ ×100］％となる。

　たとえば、参加会社を100社とした場合の最大取引数が、(1)は$_{100}P_2$＝100×99＝9900、(2)は$_{100}C_2$＝100×99/2×1＝4950、(3)は100となる。この場合の削減率は、(2)は(1)の50％、(3)は上記の計算式により算定できるので、(1)の約99％となる。以上のことから、参加会社数が多ければ多いほど、ネッティングの取引削減数が大きくなり、それに伴う資金量も圧縮され、その経済的効果も大きくなることがわかる。次に、以下の前提を置いた場合に、(1)と(3)の銀行振込手数料を比較すれば次のとおりとなる。

前提1：窓口他行振込み（税抜800円／件）、参加会社100社、振込金額3万円以上の場合

(1)　800円×9900件＝7,920千円

(3)　800円×100件＝80千円

コスト差(1)-(3)＝7,840千円

前提2：EB他行振込み（税抜700円／件）、参加会社100社、振込金額3万円以上の場合

(1)　700円×9900件＝6,930千円

(3)　700円×100件＝70千円

コスト差(1)-(3)＝6,860千円

上記の前提は1カ月に1回の決済を想定しているので、前提1の場合でコスト差が12カ月分となれば、年間94百万円のコスト差が生じる。また、前提2の場合、同様に年間82百万円のコスト差が生じることになり、取引数を削減することによる振込手数料削減効果は大きいことがわかる。また、これに加えて決済用の資金を準備する金利コストを上乗せすると、(1)と(3)のコスト差はさらに大きくなり、ネッティングの取引数削減による経済的効果はいっそう大きくなる。

　バイラテラル型は、グループ企業における2社2方向だけの相殺決済をするものであり、マルチラテラル型はネッティング参加会社同士の取引をインハウスバンクとの取引とみなすものである。バイラテラル型は親会社が製造業で、その子会社は親会社に組立部品などを納入するような取引形態が中心であるグループ企業では、よくみられる類型である。しかし、マルチラテラル型はすべての参加会社間取引をカバーするため、バイラテラル型より経済的効果の優れたネッティング類型である。

　以上のことから、取引本数を削減することによって、ネッティングに必要な資金量を削減できること、決済資金の銀行振込手数料を削減できることの2点の経済的効果があることがわかった。次に、ネッティングには複数の手法があり、これが運営上の制約や課題にならないか、そしてどのようにして債権債務が相殺できるのかについて、数値例と会計仕訳を用いて考察する。なお、シングル・カレンシー型でマルチラテラル型であるネッティングを前提として、各手法のメカニズムを考察する。

第2節 第一法債権債務差額の相殺

　第一法は、参加会社間で統一決済日を設定して、債権債務の差額（純額）を決済するネッティング手法である。このメカニズムを理解するには、ネッティング・リストを活用したネッティングが、なぜ企業の運転資金量圧縮に寄与しているのか、なぜ銀行振込手数料の削減に寄与しているのかを論証すればよい。では、以下に数値を用いてマルチラテラル型ネッティングの仕組みを単純化し、最小規模であるネッティング参加会社を3社として、以下の債権債務取引があったと仮定する。また、第一法・第二法・第三法のネッティング手法の違いを明確にするために、A・B・C社の債権債務の数値は、本章では同じものを用いることにする。

（債権債務有高）
- A社は、B社に対し160、C社に対し150の債権を有している。
- B社は、A社に対し90、C社に対し130の債権を有している。
- C社は、A社に対し200、B社に対し120の債権を有している。

　A社・B社・C社は、債権を有すると同時に債務を有するので、ネッティング・リストに数値を記入し、債権・債務を整理する。

図表5－2　ネッティング・リスト

		債権			
		A社	B社	C社	計
債務	A社		90	200	290
	B社	160		120	280
	C社	150	130		280
	計	310	220	320	850

（出所）著者作成

各社の債権債務を相殺すれば、各社の最終受取りないし支払差額は、以下のとおりとなる。

　★A社は20を受け取る（310－290）

　★B社は60を支払う（220－280）

　★C社は40を受け取る（320－280）

次に、ネッティングに伴う各社の合計支払いと、資金移動（振込支払い）は、以下のとおりとなる。

　●A社はC社へ50を支払う（150－200）

　●B社はA社へ70を支払う（90－160）

　●C社はB社へ10を支払う（120－130）

ネッティング・リストを活用せず、債権債務の相殺を実施した場合には、各社はそれぞれに支払いや受取りをするために、取引ごとに設定された支払期日には各社の債務分合計850の資金が必要となる[8]。つまり、A社は290、B社は280、C社は280の合計で850の決済資金となる。

しかし、ネッティング参加会社間で統一決済期日を設定して、当該期日に債権債務の差額（純額）を決済すれば、A社は50、B社は70、C社は10の合

図表5－3　ネッティングに伴う受払いと資金移動

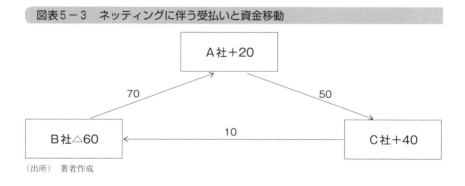

（出所）　著者作成

8　図表5－2参照。

計130の資金を用意することで、債権債務の決済が可能となる。言い換えれば、3社合計で、ネッティング・リストを活用しない場合の資金量850は、ネッティング・リストを活用したネッティング資金量130と比較して、決済資金量は約85％ |(850−130)／850×100| も削減される。

さらに、参加会社3社がインハウスバンクとキャッシュ・プーリングを運用していれば、参加会社はあらかじめ決済用資金を用意することなく、インハウスバンクへの預け金残高があればこれを取り崩すか、インハウスバンクからの借入金を新たに追加すればよい。つまり、A社・B社・C社のCMS口座のゼロバランスが機能するので、A社は受け取った20を、C社は受け取った40をインハウスバンクへ預け入れる、ないしは借入金返済することになる。また、B社は支払う60をインハウスバンクから借り入れる、ないしは預け金の取崩しをすることになる。結果として、インハウスバンクは60の資金を受け取り、60の資金を支払うことになる。したがって、グループ企業全体では、決済資金は使用せず、ネッティングが可能となる。これが、ネッティング・リストを活用したネッティング（第一法）である。これらの資金の流れを示すと、図表5−4のとおりとなる。

図表5−4　ネッティング（第一法）の資金の流れ

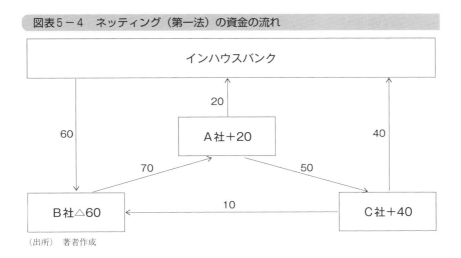

（出所）　著者作成

統一決済日に、各社の債権債務の差額が各社のCMS口座からEBによって支払われ、その日の銀行営業終了後に各社のCMS口座がゼロバランスされるため、インハウスバンクと各社間で図表5－4の資金の流れが発生する。資金はインハウスバンクからB社へ60移動し、A社とC社からインハウスバンクへ計60移動することにより、参加会社とインハウスバンクでは相殺決済に伴う運転資金が不要となることを論証できる。このことは、連結会計において連結対象会社間取引が連結消去されることと同様である。

　第一法の運用には、ネッティング参加会社の統一決済日を設定し、参加会社は統一決済日前の締切日までに、参加会社間の債権債務両方の金額をアプリケーションに遺漏なく確実に入力しなければ、十分な決済資金削減効果を得られない。言い換えれば、第一法はCMSを導入していない会社間であっても運用可能な債権債務の相殺の仕組みであるが、ネッティング参加会社の債権債務のデータが確実に把握されていなければ、資金削減効果や手数料削減効果が期待できず、不確実性を伴う決済方法である。キャッシュ・プーリングを前提としないネッティングの先行研究において、Shapiro[9]・Srinivasan[10]・Anvari[11]は、「債権債務の相殺資金額を予測することの難しさや確実性に問題があり、最適な統一決済日の設定をどのように決定するのかは実務上の困難が伴う」と指摘している。

　インタビュー調査において、どのネッティング手法を採用しているのかを確認したが、第一法のネッティングを採用している企業はなかった[12]。国内のネッティングで第一法が採用されない理由は、Shapiro・Srinivasan・Anvariが指摘しているとおりである。言い換えれば、リアルタイムで債権

9　Shapiro［1978］
10　Srinivasan［1986］
11　Anvari［1986］
12　海外子会社間および海外子会社と国内親会社との間のネッティング（GCMS）では、手作業での第一法は実効可能性のあるネッティング手法である。インタビュー調査では、機械製造E社・非鉄金属F社・機械製造G社がグループ内の海外取引でこれを活用している。外貨決済に係る為替手数料が高額となることが、この活用動機となっている。

債務の相殺ができない不便さに、その不採用理由がある。
　次節では、統一決済日を設定せずに総額かつリアルタイムでネッティングを行う第二法について、そのメカニズムを明らかにし、なぜ債権債務が相殺されるのかを論証する。

第3節 第二法貸借勘定付替えによる債権債務の相殺

　CMS参加会社の取引に統一決済日を設定し、グループ外の取引にはこれを設定しない場合、参加会社の経理担当者はその都度取引相手先がグループ内か否かを確認して、事務をしなければならない非効率さが生じる[13]。

　第一法のような統一決済日を設定せず、取引相手先が指定する決済サイクルを活かして、決済資金量を削減する方法はないのか。前述の数値例では、A社は20を受け取り、B社は60を支払い、C社は40を受け取ることになるので、3社合計では60（20＋40）の受取りと60の支払いが発生しており、当然ながらCMS参加会社内では決済資金は不要となる。そこで、この取引を売上・仕入取引と仮定して、会計仕訳をすると以下のとおりとなる。

- A社の会計仕訳
  - （B社売掛金）160　　（売上）160
  - （C社売掛金）150　　（売上）150
  - （仕入）90　　　　　（B社買掛金）90
  - （仕入）200　　　　 （C社買掛金）200
- B社の会計仕訳
  - （A社売掛金）90　　 （売上）90
  - （C社売掛金）130　　（売上）130
  - （仕入）160　　　　 （A社買掛金）160
  - （仕入）120　　　　 （C社買掛金）120

---

[13] 企業の決済サイクルは、業種によって異なる傾向がある。流通業やサービス業の場合では、すでに存在する商品在庫や短期間で提供できる役務を販売するため、月末締切りの翌月末支払いとする事例が多い。一方、建設業や設備工事業の場合は、受注して製造・販売・施工する場合が多いため、顧客からの入金が複数回以上生じる場合があり、仕入支払いは発注後2〜4カ月先になる事例が多い。

- C社の会計仕訳
  （A社売掛金）200　　（売上）200
  （B社売掛金）120　　（売上）120
  （仕入）150　　　　（A社買掛金）150
  （仕入）130　　　　（B社買掛金）130

　次に、各社が他のCMS参加会社と取引する結果生じる債権債務は、インハウスバンクがかわって受け取るないしは支払うと考えれば、CMS参加会社の債権債務はインハウスバンクへの債権債務とみなすことができる。その結果、次のとおりの会計仕訳となる。なお、インハウスバンクはX社とする。

- A社
  （X社債権）160　　（売上）160
  （X社債権）150　　（売上）150
  （仕入）90　　　　（X社債務）90
  （仕入）200　　　　（X社債務）200
- B社
  （X社債権）90　　（売上）90
  （X社債権）130　　（売上）130
  （仕入）160　　　　（X社債務）160
  （仕入）120　　　　（X社債務）120
- C社
  （X社債権）200　　（売上）200
  （X社債権）120　　（売上）120
  （仕入）150　　　　（X社債務）150
  （仕入）130　　　　（X社債務）130

この会計仕訳はX社債権とX社債務が重複しているので、これらの勘定を各社で合計すれば、次のとおりとなる。

- A社
  （X社債権）310　　（売上）310
  （仕入）290　　　（X社債務）290
- B社
  （X社債権）220　　（売上）220
  （仕入）280　　　（X社債務）280
- C社
  （X社債権）320　　（売上）320
  （仕入）280　　　（X社債務）280

　この会計仕訳は、何を意味するのか。各社の借方のX社債権という勘定科目は、参加会社のインハウスバンクに対する預け金の増加ないしは借入金の減少取引である。そして、各社の貸方に現れるX社債務という勘定科目は、参加会社のインハウスバンクに対する借入金の増加ないしは預け金の減少取引である。したがって、参加会社が他の参加会社への債権債務をインハウスバンクへの貸借勘定へ付け替えることによって、債権債務の相殺が実現する。

　言い換えれば、貸借勘定付替えによるネッティング（第二法）は、決済用資金を使用することなく、参加会社間の債権債務を会計上で相殺できることになる。したがって、この第二法は第一法より、ネッティング手続の容易さと経済的効果が優れたネッティング手法である。ただし、第二法も一般的には、参加会社間の債権債務をインハウスバンクへの債権債務に自動的に付け替えて処理するアプリケーションが必要である。

　次に、インハウスバンク側の会計仕訳を示す。3社に対する借方・貸方各々の合計は850（290＋280＋280／310＋220＋320）[14]と、貸借勘定は同一金額となってバランスする。その結果、インハウスバンクにおいても、外部から

14　図表5－2参照。

の資金調達はいっさい不要であることを論証できる。これが、貸借勘定付替えによるネッティング（第二法）である。

● X社
（A社債権）　　290　　（A社債務）　　310
（B社債権）　　280　　（B社債務）　　220
（C社債権）　　280　　（C社債務）　　320
（参加会社債権）850　　（参加会社債務）850

　ここで、第一法と第二法の特徴を整理する。第一法は統一決済日を設定し、一定期間の参加会社間の取引をネッティング・リストに集計したうえで、相殺差額（純額）を確定し、キャッシュ・プーリングにより決済する仕組みである。したがって、ネッティング・リストに集計したうえで相殺差額（純額）を確定するアプリケーションが必要な点、統一決済日を共通認識して資金決済を実行しなければならない点がデメリットとなる。さらに、一方が債権を認識していても他方が債務を認識していない場合、ないしは事務手続のミス（システミック・リスク）があって支払いが実行されない場合には、相殺できない点がデメリットとなる。

　しかし、第二法は当初から債権債務の差額を確定する必要がなく、総額での取引となる点と資金決済がタイムリーに行える点が、第一法より優れている。第一法と第二法の共通点は、債権債務の相殺処理と参加会社各社の会計システムとの連携によりいっそう事務効率化が図れる点（膨大な取引件数が存在するグループの場合にはネッティングと会計システムを連携が望ましい）、システム環境の整備に時間とコストが伴う点である。また、メガバンクのアプリケーションを利用する場合でも、企業は応分の利用コストを負担する必要がある。先行研究では、西山[15]・田尾[16]は第二法の概略を紹介している。ま

15　西山［2013］

た岡部[17]は、第二法を紹介して解説を加えている。

著者がCMS開発を担当した民間企業の場合、機器販売・工事・料金等において、多種多様な会計システムが存在していた[18]。また、CMS開発当時に経理業務は拠点ごとに分散され、各拠点の経理担当者へ処理依頼の徹底が困難であり、事務処理ミスを誘発しやすいので、第二法を断念した。そして、第一法・第二法以外のネッティング手法を模索し、1999年7月からCMS口座統制によるネッティング（第三法）を考案して採用した。著者は、企業が採用する会計システム・経理体制・提携銀行数によって、選択すべき最適なネッティング手法は異なると考えている。次節では、第三法のネッティング・メカニズムを明らかにし、なぜ債権債務が相殺されるのかを論証する。

16　田尾［2007］
17　岡部［2014］
18　同社では、ERPのような統一会計システムを利用していない。

第4節 第三法CMS口座統制による債権債務の相殺

　第一法と第二法は、CMS稼働を前提とするか否かにかかわらず、ネッティングが可能な仕組みである。しかし、CMS口座統制によるネッティング（第三法）はCMS稼働を前提とし、キャッシュ・プーリングが機能しない場合にはネッティングできない仕組みである。このメカニズムを明らかにするために、本章の同一取引数値を用いて、毎営業日終了後にCMS口座残高をゼロバランスするキャッシュ・プーリングを含めた資金の流れを図示する。

　A社・B社・C社は、取引先がCMS参加会社か否かを意識せず、グループ外の支払決済と同様に、EBによってCMS口座から振込支払いを行う。ただし、CMS参加会社間の入金と出金は、必ずCMS口座を指定するルール

図表5-5　CMS口座統制によるネッティング（第三法）の資金の流れ

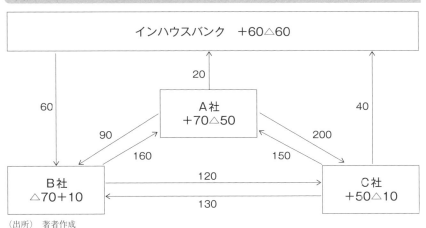

（出所）著者作成

（必須要件）を徹底する[19]。参加会社の経理担当者は、取引先がCMS参加会社か否かを判断せずEBで振込データを作成できるので、ストレスが少なく、ネッティングの確実性を高めることにつながる。本書では、これをCMS口座統制によるネッティング（第三法）と呼ぶ。CMSの中心的機能であるキャッシュ・プーリングを有効活用して資金効率化を図るには、CMS参加会社は元来支払口座と受取口座をCMS口座に設定しているため、特段の違和感はないはずである。

　図表5－2で示したA社・B社・C社間の6本の取引は、図表5－5で示したA社・B社・C社間の6本の資金の流れと数値となる。第三法は、第一法（純額）とは異なり、第二法と同じ総額決済となる。

　A社・B社・C社間の6本の取引が実行された結果、各社の当日のCMS口座残高（ゼロバランス前）はA社・B社・C社のボックスに示した残高になる。そして、取引当日の夜間にはキャッシュ・プーリングのゼロバランスが実行され、各社とインハウスバンクとの資金の流れが生じ、グループ内の債権債務取引が相殺され、決済資金が不要となる。つまり、A社からインハウスバンクへ20、インハウスバンクからB社へ60、C社からインハウスバンクへ40の資金移動が生じる。言い換えれば、インハウスバンクから参加会社へ60資金が流出する一方、参加会社からインハウスバンクへ60の資金が流入する結果、グループ全体としては差引きゼロとなるため、相殺決済資金が不要となる。

　第三法は、提携銀行が1行の場合のみ機能するネッティング手法である。なぜならば、第2章第3節(4)の国内CMS提携銀行で述べたように、提携銀行が複数行以上の場合には、インハウスバンクが提携銀行数のCMS統括口座を保有しており、日々その資金調整を手作業で実施している。つまり、参

19　通常キャッシュ・プーリングを有効活用するには、入出金口座ともCMS口座とする運用を行うことが重要である。したがって、口座統制は参加会社に大きな負担とはならない。ただし、得意先の特別な要望があり、CMS口座でない入金口座を複数用意する必要がある場合も想定される。この場合には、別途銀行の資金集中サービスを利用すれば、複数ある入金口座からCMS口座へ資金集中し、資金効率の悪化をカバーできる。

加会社は提携銀行が異なるCMS口座を使用しており、日々その提携銀行のゼロバランスが生じても、インハウスバンクのCMS統括口座間の資金は自動的に移動しない。その結果、第三法は機能しない。したがって、CMS提携銀行が複数行以上の場合は、CMS参加会社がグループの主たる提携銀行のネッティング（第二法）を使用している。

インタビュー調査では、提携銀行が1行の企業はエネルギーＡ社（MUFG）・陸運Ｄ社（MUFG）・非鉄金属Ｆ社（SMBC）・化学Ｋ社（MUFG）の4社であった。しかし、第三法を利用しているのはエネルギーＡ社だけであり、陸運Ｄ社・化学Ｋ社はネッティング自体を採用しておらず[20]、非鉄金属Ｆ社はSMBCのネッティング（第二法）を採用していた。

エネルギーＡ社では1999年から第三法が使われているが、同社のインハウスバンクの責任者が代々変遷することによって、ネッティングの本質やメカニズムは継承されておらず、同社ではネッティングを採用していないと認識していた[21]。

20　財務責任者がネッティングの必要性・経済的効果は少ないと判断している。
21　エネルギーＡ社では、参加会社の経理担当者もネッティング採用の認識はなかった。しかし、エネルギーＡ社の経理実務ではキャッシュ・プーリングを有効に機能させるため、入出金口座をCMS口座に設定している。その結果、ネッティングは意識されなくとも、第三法が機能している。

第5節　ネッティング各手法の長所と短所

　各手法のネッティング・メカニズムを数値例と会計仕訳を用いて考察をしてきたが、ここで再度3つの手法の特徴を比較・分析する。第二法は会計仕訳により債権債務を相殺するので、参加会社間の資金移動を伴わない。しかし、第三法は参加会社間の資金移動を伴う点が相違点となる。しかし、第三法は入出金口座をCMS口座とする統制を行い、参加会社間の振込みを行った当日夜間にゼロバランスが機能するので、第二法と同様に決済資金を不要とする効果を得られる。

　なぜなら、参加会社間で資金移動した当日にキャッシュ・プーリングのゼロバランスが起きて、同日に総額でネッティングされるので、実際には資金移動はなかったともいえる。つまり、第三法もネッティングに必要な運転資金は不要である。ただし、入出金口座のうち、いずれかでもCMS口座に設定しなかった場合は取引当日の営業終了後にゼロバランスが有効機能しない、つまり参加会社間で相殺を実現する資金移動が生じないので、ネッティング効果を得ることはできない。

　振込手数料の観点からみれば、銀行の同一営業部内に各社のCMS口座を設定すれば、資金移動に伴う振込手数料も発生しない[22]。厳密にいえば、第三法はCMS参加会社以外の振込手続と同様に、参加会社へ資金移動をする事実は存在する。しかし、参加会社経理担当者はグループ外への支払いと同様に違和感（ストレス）なく対応でき、第一法や第二法のように相殺のためのシステム開発を必要としない点で、コスト面でも大きなメリットが存在する。

　著者が2015年5月にMUFGの担当者にインタビューしたところ、CMS支

22　同一銀行の場合でも、CMS口座を別支店や営業部に設定している場合には、ゼロバランスは機能するが、振込手数料が発生する。

払代行[23]のなかにネッティング機能があり、参加会社間の決済取引をインハウスバンクとの貸借に付け替えて決済する手法（第二法）を記載した資料[24]を入手した。インタビュー調査でも、第二法が主流となっていることを確認した。しかし、第三法は債権債務をインハウスバンクへ付け替えるシステム開発が不要であること、非常に単純でミスの起こりえない決済方法である点に優位性がある。したがって、CMS支払代行を運用せず、提携銀行が1行の場合、第三法をネッティング手法として検討すべき余地が十分ある。

経済産業省調査［2015］では、国内でキャッシュ・プーリングを導入している148社のうち、CMS支払代行を導入していると回答した企業は77社、ネッティングを導入していると回答した企業は58社であった[25]。CMS支払代行を導入していれば、貸借勘定付替えによるCMSネッティングも利用できるが、19社（77－58）はネッティングを導入していない。この19社のうち、提携銀行が1行の場合は第三法を導入できる余地がある。また、ネッティングを導入していない90社（148－58）のうち、CMS提携銀行が1行であれば、CMS口座統制によるネッティング（第三法）を運用でき、運転資金量と振込手数料の削減を実現できる。

Iturralde[26]は、「キャッシュ・マネジメントが企業の特徴・企業自体や企業財務部門の規模に依存するというよりはむしろ、財務マネジャーの意思に依存している」と述べている。財務面で連結経営を担う財務責任者は、その運営コストと経済的効果を検証して、自社グループにとって最も経済合理性があって全体最適が実現できる、キャッシュ・マネジメント手法を採用・開発しなければならない。これが実現できるか否かで、グループ全体の資金効率は異なったものになる。

次に、相殺決済を純額か総額か、いずれによって行うのが合理的かを考察

23　支払代行は、第6章「CMS支払代行とCMS回収代行のメカニズムと運用課題」で取り扱う。
24　BTMU法人決済ビジネス部［2015］。
25　経済産業省調査［2015］、36頁、図2－23CMS機能の利用範囲を参照。
26　Iturralde［2005］

する。第一法は債権債務の純額決済であり、第二法と第三法は総額決済である。前者は時点ネット決済「DTNS（Designated Time Net Settlement）」と呼ばれ、後者は即時グロス決済「RTGS（Real-Time Gross Settlement）」と呼ばれている。これらは、各国中央銀行と金融機関間の決済手法としても採用されている。「DTNSは金融機関が中央銀行に持ち込んだ振替指図が一定時点まで蓄えられ、その時点で各金融機関の受払差額が決済される。一方、RTGSでは振替の指図が中央銀行に持ち込まれ次第、一つ一つ直ちに実行される」[27]。「RTGSは、DTNSと異なり、ある金融機関の不払いがどの金融機関への支払いの失敗であるかが必ず特定され、その他の金融機関の決済を直ちに停止させることがない」[28]と解説されており、RTGSはDTNSと比較してシステミック・リスク（ある参加者が支払わないことにより、他の参加者に影響が生じるリスク）がなく[29]、支払いが連鎖的にストップし、金融システム全体が混乱するリスクを大幅に軽減できることから、RTGSは優れた仕組みである。

1980年代以降、各国の中央銀行において決済システムのRTGS化を進める動きがみられ、RTGSが国際標準となっている。一方国内では、日本銀行がシステミック・リスク削減の観点からRTGSに原則一本化する基本方針を固め、2001年に日本銀行当座預金と国債の決済方法をDTNSからRTGSへ移行している[30]。中央銀行とその傘下の民間銀行の決済と同様、ネッティングでも、純額決済の第一法よりも総額決済の第二法と第三法が優れていると考えられる。

西山[31]は、支払代行の一形態としてネッティング第二法を紹介している。

27　日本銀行ホームページ（http://www.boj.or.jp/announcements/education/oshiete/kess/i14.htm/.）これは中央銀行と民間銀行の決済の手法であるが、DTNSとRTGSの決済手法を考察するために引用した。
28　同上。
29　中島［2003］も同様の指摘をしている、27頁。
30　同上書、29頁。
31　西山［2013］

田尾[32]は、第一法と第二法の概略を紹介している。岡部[33]は、国をまたぐ債権債務の相殺で第一法と第二法について解説を加えている。しかし、第一法・第二法がどのようにして債権債務が相殺できるのか、詳細な相殺メカニズムを論証しているとは言いがたい。そして、いずれの先行研究においても、本書で新たに提示した第三法には言及されていない。これは、本書のCMS研究の貢献のひとつである。

いままで述べてきた、3種類のネッティング手法の長所と短所を項目別に比較検討して整理すると、図表5－6のとおりとなる。

シングル・カレンシー型でマルチラテラル・ネッティングの場合は、図表5－6のとおり、第二法が運用面で非常にミスが少なく、安定したネッティング手法である。そのため、メガバンクが提供するアプリケーションは第二

図表5－6　ネッティングの長所・短所

	ネッティング・リストを活用したネッティング（第一法）	貸借勘定付替えによるネッティング（第二法）	CMS口座統制によるネッティング（第三法）
資金移動の有無	×純額決済で資金移動要	○総額決済で資金移動なし。支払データの作成要	○総額決済で資金移動するが、同一日にゼロバランスで相殺決済
運転(決済)資金の有無	○資金不要	○資金不要	○資金不要
システミック・リスクの有無	×統一決済日の運用が必要で発生可能性あり	○統一決済日の運用不要で発生可能性なし	○統一決済日の運用不要で発生可能性なし
システム制作・銀行利用の場合のコストの有無	×必要	×必要	○不要
銀行振込手数料の有無	△同一営業部内の場合、現在不要	○不要	△同一営業部内の場合、現在不要

（注1）　ネッティングを資金効率や運営の良し悪しで評価した場合、良い項目を○、悪い項目を×、どちらともいえない項目を△とした。
（注2）　同一本支店・営業部の銀行口座間の振込手数料は、現時点では不要である。
（出所）　著者作成

32　田尾［2007］
33　岡部［2014］

法となっている。一方で、インハウスバンクで支払代行を運用しない場合には、システミック・リスクがなく、アプリケーションの制作コストが不要な第三法が第一選択のネッティング手法である。前述したように、CMS提携銀行が1行でネッティングを採用していない企業は、第三法を採用すれば第二法と同様の経済的効果が得られ、コストをかけずに、すぐにでもネッティングを導入できる。

　図表5－6では第一法が最も劣後するようにみえるが、東南アジア地域でCMSを前提としないクロスボーダー・ネッティングに採用した場合、決済資金量圧縮に伴う海外送金手数料の削減効果が大きいため、その採用を検討しなければならない。本章では、シングル・カレンシー型のネッティング手法の特徴を考察しているので、クロスボーダーのネッティングは「第7章　GCMSの運用課題」にて扱う。

　ネッティングの目的は、参加会社の債権債務の相殺に必要な資金量を削減することによる資金コスト、決済資金の銀行振込手数料を削減することの2点にある。そして、3つのネッティング手法の長所・短所を整理し、特長と課題について述べた。また、第一法がなぜ国内のネッティングで利用されていないのか、逆に第二法が国内のネッティングで多く採用されているのか、本書で新たに提示した第三法は提携銀行が1行の場合採用できるネッティング手法であることを述べた。また、各企業が異なる条件下において、どのネッティング手法を採用すべきかについて述べた。ここで、本章で扱ったネッティング手法をどのように取り組んだらよいのかについて再度簡単にまとめる。

　第一法は、統一決済日を設定して債権債務の差額を相殺するネッティング手法であり、取引資金量を相殺差額まで圧縮して純額決済する。相殺額の運転資金量削減に寄与する長所はあるが、純額決済で実際の資金移動が生じること、統一決済日の運用が必要であるため、事務面でのシステミック・リスクが存在すること、ネッティングとして運用するには、インターネットを活用したアプリケーション制作が必要になること、CMS口座を提携銀行の同

一営業部内で設定しなければ、銀行振込手数料が必要になることなど短所が多い。また、Anvari[34]も「相殺資金量を予測することの難しさや確実性に問題があるので、最適な決済日の設定をどのように決定するのかは実務上の困難が伴う」ことを指摘している。言い換えれば、リアルタイムでの相殺決済ができない不便さに最大の不採用理由がある。また、インタビュー調査でも、第一法が採用されていない事実を確認した。したがって、国内のネッティングには不向きなネッティング手法であり、国内ネッティングを未導入の企業は第一法をネッティングの検討から外したほうがよい。

　第二法は、参加会社側で支払データを作成する必要があるが、リアルタイムでの総額決済であり、事務面でのシステミック・リスクがなく、資金移動を伴わないため、決済用資金と銀行振込手数料が不要であるという多くの長所が存在する。一方で、アプリケーション制作が必要であること、または銀行のシステムを使用するコストが必要であることが短所である。また、インタビュー調査でも、最も多用されていたネッティング手法である事実を確認した。CMS支払代行を採用している会社は、参加会社の支払先・支払額等をCMS支払代行のアプリケーションに入力し、支払先の銀行口座情報が保有されている取引先マスターを選択して活用ができる。そして、参加会社か否かをシステムで自動判別し、会計仕訳で債権債務の相殺がなされる。したがって、CMS支払代行を採用してネッティングを採用していない企業は、長所が多い第二法の採用を検討すべきである。

　第一法・第二法を基礎として本書で提示した第三法は、キャッシュ・プーリングを活用して、参加会社間の入金と出金をCMS口座とする、いわゆる口座統制によるネッティング手法である。第二法と同様に総額決済である。厳密にいえば資金移動が伴うが、決済日と同日にキャッシュ・プーリングのゼロバランスが機能するため、実質的には運転資金が不要であること、事務面でのシステミック・リスクがなく、同一銀行の同一営業部内にCMS口座

---

[34] Anvari［1986］

を設定して運用すれば、銀行振込手数料が不要であり、ネッティング用のアプリケーションも不要で、コスト面の長所がある。しかしながら、CMS口座統制を実施しなければ、ネッティングが機能しないという課題が存在する。提携銀行が1行でキャッシュ・プーリングを導入し、CMS支払代行とネッティングを導入していない企業は、CMS口座統制のみ行えば導入可能なネッティング手法であるため、第三法は検討すべき有力な第一選択肢となる。また、第三法は、ほとんど知られていないネッティング手法である。

第6章

Cash Management System

CMS支払代行とCMS回収代行の
メカニズムと運用課題

第1節 CMS支払代行の本質

　経済産業省調査［2015］によれば、国内CMSの機能のうち、キャッシュ・プーリングを導入している企業は148社あり、支払集約・代行は77社、ネッティングは58社となっている[1]。キャッシュ・プーリングを導入している企業の約半数はCMS支払代行を運用し、CMS支払代行のほうがネッティングよりも導入会社数が多い状況である。キャッシュ・プーリングは、第3章「キャッシュ・プーリングの経済的効果と運用課題」で述べたようにインハウスバンクが銀行に代替し、グループ企業の余剰資金を活用して資金不足の参加会社へ資金を貸し付ける仕組みであり、大きな経済的効果を生み出す。また、ネッティングは、第5章「ネッティングのメカニズムと運用課題」で述べたように参加会社間の債権債務を相殺することによって、参加会社間の決済資金を圧縮ないし不要とすることで、短期運転資金量圧縮による資金コストと銀行振込手数料を削減する経済的効果があることを述べた。では、CMSの代表的機能の一つであるCMS支払代行には、どのような本質があるのか、またどのようなメカニズムで機能するのか。

　Westerman[2]は、Royal Philips[3]のPayment factory（支払代行）のケースを取り上げている。Royal Philipsの企業財務は、企業金融・金融リスクサービス・事務センター・キャッシュマネジメント・保険・財物管理の6つに分かれている。このうち、事務センターにはPayment factoryと狭義のインハウスバンクの機能がある。欧州では、アムステルダムとハンブルクに拠点があり、シティバンクとバンク・オブ・アメリカの2行が支払元銀行となってい

1　経済産業省調査［2015］、36頁、図表2−23を参照。
2　Westerman［2005］
3　1891年にオランダで設立、欧州での膨大な営業取引がある。2005年当時の従業員は約16万人、5つの製造部門を保有し、2002年の取引高は3兆7000億円あるとWestermanは紹介している。

る。1999年からPayment factoryが開始され、2年間で約1100社へ支払いが実施されるまでに拡大している[4]。また、グループ内の支払いは実際の現金振込みはせず、Payment factoryを経由して、インハウスバンクで会計的に決済[5]されている。したがって、Royal Philipsにはキャッシュ・プーリング、CMS支払代行、ネッティング、GCMSの少なくとも4つの機能が導入されている。Westermanは、Payment factoryはさまざまな段階での財務人材が削減されること、広範囲の地域をカバーした証憑の突合と監視が可能となること、先進的な情報システムとの接続が可能となること、1拠点においてグループ内外の連絡が可能となることを、その長所としてあげている。

Polak[6]は、「子会社を含むグループ企業のshared service centresを確立して、payment factoriesの機能を活用すべきである」と指摘している。また、Holland[7]は、世界中のモトローラの支払データをロンドンとシカゴに集約し、このデータをシティバンクのロンドンに連携してSWIFT[8]のデータに変換し、支払いを行う事例を紹介している。

岡部[9]は、「1990年代後半から2000年代初めに企業改革の取組みとして、シェアード・サービス[10]が注目を集めた」と述べている。また、「業務をコア業務とプロセス業務に区分し、各部門はコア業務への集中強化に努める体制とし、プロセス業務をシェアード・サービスセンターに集約させる。シェ

---

4 Royal Philipsは、1999年に支払代行開始と同時にキャッシュ・プーリングも導入している。
5 第5章第3節で述べた貸借勘定付替えによる債権債務の相殺（第二法）を採用していると考えられる。
6 Polak［2010］
7 Holland［1994］
8 Society for Worldwide Interbank Financial Telecommunicationの略で、世界各国の金融機関などに高度に安全化された金融通信メッセージ・サービスを提供する金融業界の標準化団体である。資金付替えや顧客送金、外国為替などの安全性の高いグローバルな金融メッセージ・サービスを提供しており、そのグローバルなネットワークは金融インフラ的な性格を有している（https://www.swift.com/ja/about-us/discover-swift/messaging-standards）。
9 岡部［2014］

アード・サービスセンターは単なる社内アウトソーサーではなく、定型業務集約によるコスト削減と専門業務の高度化を進め、同機能を積極的に集約し支援することで、強いグループづくりに貢献する」と述べている。

　経理の定型業務は、グループ企業の各社で分散処理を行うよりも、各社で異なる業務処理を標準化して、1つの部署や会社に集約することによって、業務の専門性が増して処理スピードを向上させることが可能である。

　インタビュー調査で、エネルギーA社は親会社のシェアード・サービス部署に経理業務を集約した後に、中国（上海）の関連会社へBusiness Process Outsourcing（以下「BPO」という）を実施し、親会社社員の出張旅費を含む経費立替払いの精算業務を実施している。また、インタビュー調査によって、エネルギーL社も出張旅費を含む経費立替払いの精算業務を中国（大連）にある資本関係のないBPO会社へ委託していることがわかった。エネルギーA社・L社の中国への経理業務BPOは、日本人と中国人との労務費単価と処理スピードの差に注目して、経済的効果を実現している[11]。

　支払証憑と支払依頼データの突合や確認は支払事務において不可欠であるが、CMSの4つの前提条件であるインターネット・アプリケーション・EB・提携銀行を活用して、どのような仕組みで、より効率的で生産性の高い支払代行が実現できるのか。西山[12]は、CMS支払代行をキャッシュ・プーリングと関連づけて、「インハウスバンクに資金集中して資金をプールしているのなら、その統括口座から資金を支払ってもらうというアイデアを

10　岡部［2014］は、「シェアード・サービスは、企業価値を高めることを目標として、本社部門・事業部門・グループ会社の間接業務を集約し、再構築することで、業務効率化とコスト構造の変動化を実現し、低コストで高品質なサービス提供を可能にすること」と定義している（67頁）。また、西山［2013］は、「シェアード・サービスは、グループ内企業に共通する業務を標準化すると同時に、1カ所に集中させて、業務の効率化・コスト削減を図る手段である」と定義している（57頁）。

11　年齢によっても異なるが、BPOに携わる中国人の労務費単価は年間約300万円で日本人の約2分の1～3分の1、処理スピードも中国人の場合、業務ごとのKPI（Key Performance Indicator）を設定し改善を繰り返すことから、日本人よりも時間当りの処理件数が多い（福嶋［2014］）。

12　西山［2013］

具現したものである」[13]と述べている。

これらのことから、CMS支払代行の本質の第1点目は、インハウスバンクがキャッシュ・プーリングの参加会社の支払いを立替払いし、その立替払いした金額を参加会社の貸借勘定に振り替えるメカニズムを機能させ、参加会社の短期運転資金量を圧縮することにある。そして、その本質の第2点目は、参加会社の共通支払先への支払いが発生する場合には、参加会社各社分をまとめて支払うことによって振込本数を削減すること、さらに参加会社の多数の振込件数を背景に銀行との間で有利な振込手数料単価を約定することによって、参加会社全体の振込手数料を削減することにある。そして、その本質の第3点目は、インハウスバンクが参加会社の支払いに際して発生する支払証憑と支払依頼データの突合や確認事務を集約することによって、事務の効率化とそのコスト削減を実現することにある。これらは参加会社ごとの個別最適ではなく、グループの全体最適に貢献することにつながるので、CMS支払代行も連結経営の実現に寄与する連結経営基盤である。

次に、CMS支払代行のメカニズムを明らかにする。CMS支払代行とキャッシュ・プーリングの機能を連携させると、CMS支払代行導入前後の業務フローは、図表6－1のとおりとなる。

CMS支払代行導入前では、子会社 α 社・β 社・γ 社は、仕入先 δ 社・ε 社・ζ 社・η 社からの請求書に基づいて、各社の指定する銀行口座へ個別に支払いを実施していた。子会社の取引のなかには、δ 社・ε 社という共通の仕入先もあったと仮定する。そして、支払事務フローを単純化するために、このグループ企業は提携銀行1行でCMS支払代行を構築することを前提とする。参加会社 α 社・β 社・γ 社は、振込先名義・振込先銀行口座・金額・振込期日等の支払データをCMS支払代行システムに入力する。なお、支払証憑と支払依頼データの突合や確認は、参加会社側で実施する場合とインハウスバンク側で実施する場合の2通りが考えられるが、ここではインハウス

13　西山［2013］、69頁。

バンク側でこの確認を行うことを前提とする。

　CMS支払代行導入後は、インハウスバンクが参加会社にかわって仕入先へ立替払いを実施するため、支払金額をキャッシュ・プーリングの貸借データに付け替える。つまり、参加会社が資金余剰のポジションである場合には、参加会社の預け金を支払金額だけ取り崩すことになる。また、参加会社が資金不足のポジションである場合には、参加会社の借入金を支払金額だけ増加させることになる。参加会社が資金余剰のポジションである場合で、参加会社の預け金よりも仕入先への支払金額が高額な場合には、当該参加会社の預け金を取り崩し、かつ借入金を発生させることになる。いずれにしても、第3章第1節のキャッシュ・プーリングの本質で述べたように、貸借両

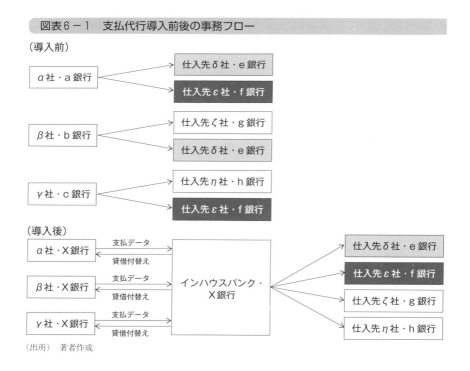

図表6－1　支払代行導入前後の事務フロー

（出所）　著者作成

建てで現預金を保有せず、参加会社の預け金と借入金を片寄せすることによって、参加会社の使用運転資金量が圧縮され、資金コストが削減される。

インハウスバンクは参加会社名義で仕入先へ振込みを実行し、参加会社から支払代行手数料を徴収する。なお、CMS支払代行システムに参加会社各社の仕入先コードを設定し、振込先銀行口座等の情報をあらかじめ登録してマスター・データを保持すれば、仕入先コードを選択することによって、取引の都度参加会社の仕入先データ入力を省略でき、振込先誤りや支払不正への予防となり、内部牽制を機能させることが可能となる[14]。また、グループ全体で統一の仕入先コードを設定すれば、支払先の名寄せも可能となる。

図表6－1では、α社・β社の仕入先δ社が共通、α社・γ社の仕入先ε社が共通となるので、インハウスバンクはそれぞれの参加会社名義で振込みをまとめることにより、支払本数を削減し、銀行振込手数料を削減できる。

また、銀行振込手数料単価は個人取引の場合には特定の手数料が定められて、金額交渉の余地はないが、法人取引の場合には手数料の相対交渉が可能である。参加会社単独では振込件数が少なく、銀行に対して有利な振込手数料を引き出すことは難しい。しかし、インハウスバンクが多くの参加会社の銀行振込みを扱う場合には、銀行に対して有利な取引条件を引き出すことが可能[15]となり、グループ全体の振込手数料単価を低減させ、結果として銀行振込手数料総額を削減することが可能となる。

建設N社の場合、CMS支払代行の取扱件数は、月間平均約5～6万件（月間平均約1000億円）と非常に多い。仮に、振込手数料単価（定価）400円（税抜）を、約定によって200円（税抜）に引き下げできれば、月間手数料削減効果は約10～12百万円、年間では約120～144百万円となり、大きな経済的効果を実現できる。CMS支払代行は、参加会社単独では実現できないコス

---

14 仕入先コードを設定することで、仕入先の銀行口座情報を誤って入力すること、業務用仕入代金の支払いを社員個人の銀行口座へ振り込ませる不正を予防できる。
15 インタビュー調査では、EBによる3万円以上の振込金額の振込手数料（定価）に対する約定単価（税抜）は、SMBCで定価400円が約定200円、りそな銀行で定価600円が約定300円という事例があった。

ト削減をグループ全体で実現できるので、連結経営の実現に寄与する連結経営基盤である。

　支払業務を効率化し、さらなる事務コスト削減を実現するには、会計システムとの連動をいかに実現するのかが、次の重要な検討課題となる。参加会社がCMS支払代行システムを使用してインハウスバンクへ支払依頼する際に、会計仕訳を自動生成して、参加会社の会計システムに仕訳データを自動的に取り込む機能をつくることが、課題解決のひとつとなる。また、グループ全体でSAPなどのERPを導入している場合には、CMS支払代行を比較的容易に実現することが可能である。

　インタビュー調査では、陸運D社がSAPとMUFGの支払代行システムを連動させて、参加会社の支払代行を運用している。機械製造E社は、ORACLEの共通経理システムを使用し、仕入先マスターも保有して支払業務と会計処理を連携させている。具体的には、参加会社が仕入れに関する仕訳入力[16]を行えば、インハウスバンクが仕入先マスターをもとに、参加会社の入力した支払日と支払金額を認識し、これを自動的に支払う仕組みを運用している。ただし、グループ全体でERPを導入する場合、高額な導入コストが必要なため、ERP導入コストと効果の検証が不可欠となる。

　一方で、非鉄金属F社・機械製造G社・陸運H社は会計システムとは連携せず、SMBCの支払代行システムを使用して、インハウスバンクが参加会社の支払いを実施している。また、エネルギーL社はグループ内のインハウスバンクとは別の支払代行業務受託会社が伝票審査と支払データの突合を行い、みずほ銀行のCMS支払代行アプリケーションでインハウスバンクが参加会社の支払いを実施している。また、エネルギーL社は一般事業会社への支払いだけでなく、参加会社社員の給与・賞与、税金等の納付書支払いも実施している。金属製造M社は、銀行以外のシステムベンダーのCMS支払代行アプリケーションを使用している。建設N社は、MUFGのCMS支払代行

16　仕入先名と仕入先コードが紐づけされており、仕入れの仕訳入力のみ行えば仕入先の銀行情報が認識される。

アプリケーションを使用しており、前述した大規模なCMS支払代行を運用していることを確認した。

次に、CMS支払代行の会計仕訳を図表にすると、図表6－2のとおりとなる。

参加会社は、CMS支払代行の締切日に費用と買掛金を認識する。一方、インハウスバンクでは締切日には取引が生じないので、会計仕訳は生じない。インハウスバンクの支払日には、買掛金が取り消され、支払日の夜間にはキャッシュ・プーリングのゼロバランスが実行され、借入金が増加する。一方で、インハウスバンクでは支払日に参加会社の買掛金を支払うため、現預金が取り崩され、支払日の夜間にはキャッシュ・プーリングのゼロバランスが実行され、参加会社に対する貸付金が増加する。

以上のように、インハウスバンクが支払代行会社の機能を果たすことを前提に、CMS支払代行のメカニズムを述べてきた。他方で、参加会社には支払いとは逆の資金の流れとなる資金回収・入金の事務がある。仮に、キャッシュ・プーリングを活用して、資金回収の事務効率化を図るにはどのような仕組みを導入すればよいのか。次節で、これを取り上げて考察する。

図表6－2　CMS支払代行の会計仕訳

	参加会社	インハウスバンク
締切日	費用100／買掛金100	仕訳なし
支払日	買掛金100／CMS100	CMS100／現預金100
支払日（夜間）	CMS100／借入金100	貸付金100／CMS100

（注）　参加会社のキャッシュ・プーリングの資金ポジションは借入ポジションとした。CMS勘定は相殺用の仮勘定で、支払代行手数料の会計仕訳を省略した。
（出所）　著者作成

第2節 CMS回収代行の本質

　CMS回収代行は、支払代行と逆の資金の流れが生じるはずである。そして、CMS回収代行には、どのような本質があるのか、またどのようなメカニズムで機能するのか。

　CMS回収代行の本質の第1点目は、インハウスバンクが参加会社の売掛金を収納し、収納した金額をキャッシュ・プーリングにおける参加会社の貸借勘定に振り替えるメカニズムを機能させ、参加会社の短期運転資金量の圧縮に寄与することにある。そして、その本質の第2点目は、インハウスバンクが収納に際して発生する参加会社の売掛金消込事務を集約することによって、事務の効率化とコスト削減を実現することにある。CMS支払代行では参加会社全体の振込手数料削減を実現できるが、CMS回収代行の場合では収納事務が目的となるので、銀行に支払う手数料はなく、この点でのコスト削減は生じない。

　次に、CMS回収代行のメカニズムを考察する。CMS回収代行導入前のα社・β社・γ社は、請求書を発行して各社が指定する銀行口座への入金を待つことになる。そして、入金後は各社で売掛金の消込みを行う。CMS回収代行導入後は、インハウスバンクが回収代行会社の機能を果たすことを前提とする。そして、回収事務フローを単純化するために、このグループ企業は提携銀行1行でCMS回収代行を構築していることを前提とした。

　CMS回収代行導入後は、参加会社はCMS回収代行システムへ得意先に対する請求データを入力し、インハウスバンクはこれを確認できるようにする。インハウスバンクは提携銀行内に参加会社の仮想口座[17]を設定し、参加会社の得意先の入金待ちをする。参加会社の得意先が参加会社の仮想口座へ銀行振込みを実施し、インハウスバンクがこの入金を確認できれば、売掛金消込ソフトを活用して、参加会社の売掛金の消込作業を行う。これと同時

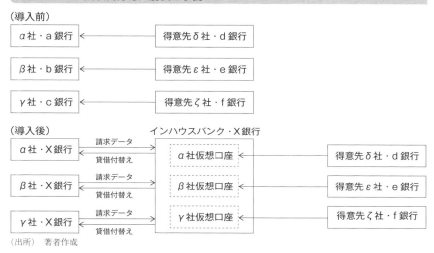

図表6-3 回収代行導入前後の事務フロー

(出所) 著者作成

に、インハウスバンクは仮想口座への入金額と同額を参加会社への貸借勘定に付け替える。

　回収代行も支払代行と同様に、参加会社が資金余剰のポジションである場合には、参加会社の預け金を入金金額だけ増加させることになる。また、参加会社が資金不足のポジションである場合には、参加会社の借入金を入金金額だけ減少させることになる。参加会社が資金不足のポジションで、参加会社の借入金よりも得意先の入金金額が高額な場合には、当該参加会社の借入金を取り崩し、かつ預け金を発生させることになる。いずれにしても、第3章第1節のキャッシュ・プーリングの本質で述べたように、貸借両建てで現預金を保有せず、参加会社の預け金と借入金を片寄せして、参加会社の使用

17　2000年2月に成立した、国内金融業界初のBMP(ビジネスモデル特許)である。振込専用の仮想口座を設定することで、振込人と振込額を確実に照合できるシステムに関する特許で、SMBCが保有する。入金照合サービスシステムとして実用化されている(『ビジネス用語辞典』)。

運転資金量が圧縮され、資金コストが削減される。これらは参加会社ごとの個別最適ではなく、グループの全体最適に貢献することにつながるので、CMS回収代行も連結経営の実現に寄与する連結経営基盤である。

インタビュー調査では、陸運D社のみがSAPとMUFGの支払・回収代行システムを連動させて、参加会社のCMS回収代行業務を運用していることを確認した。次に、CMS回収代行の会計仕訳を図表にすると、図表6－4のとおりとなる。

参加会社は、CMS回収代行の請求書発行日に売上と売掛金を認識する。一方、インハウスバンクでは請求書発行日に取引が生じないので、会計仕訳は生じない。参加会社ではインハウスバンクの入金日には売掛金が取り消され、入金日の夜間にはキャッシュ・プーリングのゼロバランスが実行され、預け金が増加する。一方で、インハウスバンクでは入金日に参加会社の現預金を受け取るため、参加会社に対する借入金が増加することになる。以上のことから、CMS回収代行には、回収事務集約によるコスト削減効果は見込めるものの、回収に伴う銀行手数料削減効果は見込めないことになる。

図表6－4　CMS回収代行の会計仕訳

	参加会社	インハウスバンク
請求書発行日	売掛金100／売上100	仕訳なし
入金日	CMS100／売掛金100	現預金100／CMS100
入金日（夜間）	預け金100／CMS100	CMS100／借入金100

（注）　参加会社のキャッシュ・プーリングの資金ポジションは預け金ポジションとした。
　　　　CMS勘定は相殺用の仮勘定で、回収代行手数料の会計仕訳を省略した。
（出所）　著者作成

第3節 CMS支払代行・CMS回収代行の経済的効果と運用課題

　CMS支払代行とCMS回収代行の経済的効果をまとめると、以下の3点となる。第1点目は、支払・回収関連事務コストの削減である。支払・回収業務が集約されるために、支払・回収事務コストの削減が可能となる。第2点目は、支払・回収業務とキャッシュ・プーリングが連動されるために、参加会社各社は支払時の決済用資金と回収時の受取資金をキャッシュ・プーリングの入出金に変換できる。その結果、運転資金量の圧縮を決済日と同日に実現でき、資産負債を両建てで保有せず、運転資金の効率的管理が実現できる。第3点目は、振込事務をインハウスバンクへ集約するため、複数の参加会社の振込先が同一である場合には、振込件数を削減できる。また、振込事務をインハウスバンクへ集約するため振込件数が増加し、銀行との振込手数料単価について有利な条件を引き出すことが可能となる。ただし、CMS回収代行はインハウスバンクが資金の受取手となり、銀行側のコストメリットがでないため、銀行との有利な取引条件を引き出すことはできない。これらを図表で整理すると、図表6－5のとおりとなる。
　CMS支払代行は、事務コスト削減・短期運転資金の圧縮・銀行手数料削減の3点に経済的効果がある。一方、CMS回収代行は、事務コスト削減・

図表6－5　CMS支払代行・回収代行の経済的効果

	CMS支払代行	CMS回収代行
事務コスト削減	○	○
短期運転資金の圧縮	○	○
銀行手数料の削減	○	×

（注）　効果が認められるものは○、効果が認められないものは×とした。
（出所）　著者作成

短期運転資金の圧縮の2点に経済的効果がある。特に、支払代行は銀行振込手数料削減効果が大きいため、CMS財務責任者の導入動機が強く働くと推測される。その結果、メガバンクが用意するアプリケーションではCMS支払代行の機能が準備されているが、CMS回収代行の機能は標準的には準備されていない。なぜならば、企業がメガバンクのCMS支払代行機能を利用する場合は、アプリケーションの使用料よりも銀行振込手数料削減という大きな経済的効果が期待できるが、CMS回収代行ではそれを期待できないからである。

インタビュー調査では、陸運D社のみがSAPとMUFGの支払・回収代行システムを連動させて、運用していることを確認した。その他の非鉄金属F社・機械製造G社・陸運H社・エネルギーL社はCMS支払代行を導入し、CMS回収代行を導入していない。

第1節ではインハウスバンク側で支払証憑と支払依頼データの突合や確認を実施することを前提とした。また、第2節では、インハウスバンク側で参加会社の売掛金消込みを実施することを前提とした。しかし、これらの事務を参加会社側で実施した場合には、支払・回収関連事務は参加会社各社へ分散される結果、支払・回収関連事務をインハウスバンク側で集約する場合と比較して、コスト削減効果は不完全な状態にとどまるのではないか。

Royal PhilipsやモトローラではPayment factoryに支払事務を集約して、事務を標準化・自動化することによって、事務コストの削減を追求していた。しかし、参加会社側に支払・回収に係る事務を残してしまうと、図表6－5の事務コスト削減が十分達成できない。また、参加会社とインハウスバンクとの内部牽制が十分機能しない。これが、CMS支払代行とCMS回収代行の運用課題である。

この課題を解決するために、グループ全体でERPなどの共通会計システムを導入し、一つの拠点で支払証憑と支払依頼データの突合や確認、売掛金消込みを実現しなければ、十分な事務コスト削減は図れない。しかしながら、ERPの導入には多額のコストが必要なため、コスト対効果の検証が不可欠と

なる。陸運D社では、ERPを導入して支払・回収代行の両方を運用しているが、支払代行では参加会社側に支払意思決定の権限と責任が残されている点で、十分な事務コスト削減と内部牽制機能の確保は実現できているとはいえない。

第7章

Cash Management System

GCMSの運用課題

第1節　GCMSの本質

　事業規模（売上高）が大きいほど、国内でCMSを導入する企業が多くなる傾向がみられる[1]。そして、日本企業の海外進出に伴い、海外子会社数が多いほど、また海外売上高比率が高いほど、海外子会社を対象とするグローバル・キャッシュ・マネジメント・システム（GCMS）を導入する企業は増加する傾向にある[2]。また、グローバルで資金を一元管理する動きが、中堅企業にも広がっている[3]。

　ソニーは2016年度第3四半期において、映画分野の営業権全額1121億円を減損損失したことを発表している[4]。これは、1989年にコロンビア・ピクチャーズ・エンタテインメント社の株式をTOBした際に計上したものである。また、富士フイルムHDは、延期していた2017年3月期決算を発表した。富士フイルムHDが75％保有する富士ゼロックスの子会社Fuji Xerox New Zealand Ltd.とFuji Xerox Australia Pty. Ltd.において、当該子会社社長が報奨金獲得目当てに売上高を嵩上げし、トップダウンで不適切会計処理を主導し、2015年に内部告発で問題が発覚するまで、6年間にわたり不適切会計処理を常態化させていた。さらに、親会社の富士ゼロックス副社長は部

---

[1] 経済産業省調査［2015］、図2-18売上高区分によるCMS導入率は、売上高が500億円以下で20％強、1000億円以下で約30％、2000億円以下で30％強、2000億円を超えるとCMS導入率が50％を超えている（32頁）。
[2] 海外子会社区分によるGCMS導入率は、海外子会社数が20社未満では導入率が50％を下回るが、21社以上ではその導入率がおおむね50％を上回っている（同上32頁）。また、海外売上高比率区分によるGCMS導入率は、海外売上高比率が20〜30％を超えると、GCMS導入率がおおむね50％を上回っている（同上33頁）。
[3] トランスコスモスは中国・フィリピン・ベトナムの子会社で対象資金約60億円（グループの現預金の20％弱）を、荏原は約10社の海外子会社の資金を、2017年にキリバ・ジャパンのシステムを導入して日本本社で一元管理を開始している（「日本経済新聞」（朝刊）2017年6月21日）。
[4] 「SONY News & Information（No. 17-008）」、2017年1月30日公表。

下に隠蔽を指示していた。これを受けて、富士フイルムHDはこの不正経理による損失額375億円を計上し、富士ゼロックス会長は本発表後退任した[5]。ちなみに、富士フイルムHDの2016年3月期の連結子会社数は271社、うち海外子会社数は184社で、海外売上高比率は約6割を占めている。また、経営再建中の東芝は、2017年3月29日子会社ウエスチングハウスが米国連邦破産法11条を米国連邦破産裁判所に申請したことを公表した。その結果、2017年3月期の東芝は、国内製造業で過去最大となる約1兆100億円の連結最終赤字となった[6]。

これら3件の事例は、国内親会社の海外子会社に対するコーポレート・ガバナンスの欠如が原因と考えられる。つまり、経営資源のうちヒトとカネに関するガバナンスが不足していた事例である。しかしながら、海外子会社に財務面での連結経営基盤であるGCMSを導入すれば、これらの問題事例が生じないとはいえない。国内親会社にとって、海外子会社はそもそも目が届きにくい存在である。しかし、海外子会社の資金の流れを可視化できていない状態でその経営管理を行うことは、連結経営において大きな問題が存在する。このことから、海外子会社と海外売上高比率が高いグループ企業において、海外子会社の資金可視化を通じて、経営資源の最も重要な資金に関するガバナンスを強化し、海外事業における資金効率化（資金コスト削減）と海外子会社との取引に関する為替手数料削減を通じて、経済的効果を追求する必要性がある。そのためには、財務面での連結経営基盤であるGCMSをいかに有効に活用するのかが課題となる。

ここで、国際金融の理論的背景となる為替レートのトリレンマ理論で、GCMSの外生的環境を説明できるか否かについて考察を加えたい。細居[7]は、「国際金融のトリレンマ理論は広く受容されており、通貨危機などの現

---

5 「産経新聞」2017年6月12日、
https://www.sankei.com/economy/news/170612/ecn1706120017-n1.html.
6 「日本経済新聞」2017年3月30日、
http://www.nikkei.com/article/DGXLASGD29H4M_Z20C17A3MM8000/.
7 細居［2004］

状分析に際して使われるだけでなく、グローバリゼーションの今日的な評価に際しても重要な理論枠組みとして用いられている」と述べている。Obstfeld[8]は、矛盾する三位一体（inconsistent trinity）として広く知られた命題に、トリレンマ（macroeconomic policy trilemma）と名付け、これを構成するのは(1)国境を越えた資本移動の完全な自由（自由な外貨取引[9]）・(2)固定相場制あるいは為替相場の安定（安定的な為替レート）・(3)国内目標を実現するための独立した金融政策（自律的な金融政策[10]）であるとしている。この(1)(2)(3)は同時には実現不可能であり、両立可能なのは二つまでと結論づけている。

つまり、自由な外貨取引を犠牲にすれば、最大で安定的な為替レートと自律的な金融政策が同時に実現できる可能性がある。そして、安定的な為替レートを犠牲にすれば、自由な外貨取引と自律的な金融政策が実現できる可能性がある。そして、自律的な金融政策を犠牲にすれば、自由な外貨取引と安定的な為替レートが実現できる可能性がある。これを整理すれば、図表7－1となる。

グループ企業でGCMSを運用するには、自由な外貨取引の実現が前提とな

図表7－1　為替レートのトリレンマ

パターン	自由な外貨取引	安定的な為替レート	自律的な金融政策
1	×	○	○
2	○	×	○
3	○	○	×

（注）　×は放棄政策、○は実現可能政策。
（出所）　著者作成

8　Obstfeld M, Alan M.Taylor〔2002〕
9　尾田〔2003〕は、「資本移動とは、国際間の利子率格差、期待為替レート変化等による国際間の資金移動であるとし、変動相場制度採用後の規制撤廃により、国際資本移動規模は指数的に拡大している」と述べている。
10　尾田〔2003〕は、「自律した金融政策とは、自国が失業対策とかインフレ対策のような国内の政策目標にあわせて、自国の利子率を自由に設定することである」と述べている。

る。これは北米や欧州地域と同様の金融環境であり、図表7－1のパターン2とパターン3に当てはまる。つまり、自由な外貨取引が実現されることは、安定的な為替レートないしは自律的な金融政策、またはその両方を犠牲にすることになる。

しかし、欧米に比べて経済力が劣る東南アジアの新興国では、自由な外貨取引を犠牲にして、安定的な為替レートや自律的な金融政策を優先するほうが得策と考えられる。なぜならば、為替レートが大きく変動すれば、輸出拡大が中心となる新興国にとっては手取りの自国通貨額が大きく変動するからである。また、経済成長率の高い新興国では、物価も上昇する可能性がある。したがって、これを抑え込み、長期の経済発展を維持するためには、自国中央銀行の基準貸付利率[11]を自由に設定することを放棄することや、犠牲にすることはできないからである。

つまり、パターン1が東南アジアの新興国タイ・マレーシア・インドネシア・ベトナムに該当し、同国で金融規制が敷かれている理由である。したがって、自由な外貨取引ができない東南アジアの新興国において、GCMSの運用は大きな制約が伴うことになり、企業努力では解決できない運用課題となる。

一方、欧州・北米・日本など先進諸国は自由な外貨取引を確保し、かつ自律的な金融政策を運営しているので、パターン2に当てはまる。パターン3は自律的な金融政策をとれないケースであり、2007年に発生したアジア通貨危機のケースに当てはまる。アジア通貨危機については、詳細を後述する。

本章では海外の地域ごとにGCMSを導入している企業、海外の地域間にまたがるGCMSを導入している企業、グループで統一的なGCMSを導入している企業を研究対象とする。

11　かつて、日本銀行では「公定歩合」により金融機関に貸出を行っていた。このため、「公定歩合」は金融政策の基本的なスタンスを示す代表的な政策金利であった。しかし、1994年に金利自由化が完了し、現在の各種金利は金融市場における裁定行動によって決まっている。かつての「公定歩合」は、現在は「基準貸付利率」と呼ばれている。
https://www.boj.or.jp/announcements/education/oshiete/seisaku/b38.htm/

第2節　外国為替法の変遷

　Von Eije[12]は、金融政策面で資金移動時の金融市場の不備を改め、現地通貨を保有する必要性を減らして、金融自由化・規制緩和・共通通貨が必要であると論じている。Holland[13]は、モトローラの事例を取り上げて、キャッシュ・マネジメントに関する内部情報を重視し、企業戦略上の効果をもたらす取引の流れと資金の流れに焦点を当てて、必要な時期に必要な資金を提供して、運転資金を一元管理する必要性を指摘している。また、Westerman[14]は、ロイヤル・フィリップスの事例を取り上げて、全世界のグループ会社約1100社を対象にCMS支払代行を実施し、大幅な財務コスト削減を実現したことを紹介している。

　西山[15]は、北米・欧州・アジアおよび豪州・中国でCMSを考えるべきであると指摘している。そのうえで、グループ資金の集中化と有利子負債の圧縮、手数料削減、人材の有効活用、リスクマネジメントを進めるべきであると述べている。

　岡部[16]は、GCMSを各社で分散しているステージ０、地域内で集約化して最適化するステージ１、規制がある国以外は集約化するステージ２、規制緩和に応じて集約化を促進するステージ３に区分して、成熟化させる必要性を論じている。

　これらの先行研究は、GCMSの運用を実現するには金融自由化・規制緩和が必要であると論じている。特にクロスボーダー取引は、金融規制の影響を強く受けている。そこで、新興国の金融規制が日本と同様の経過をたどって

12　Von Eije［2002］
13　Holland［1994］
14　Westerman［2005］
15　西山［2013］
16　岡部［2014］

緩和されて行くと推測されるため、日本の外国為替法の改正経緯（変遷）をたどることによって、今後の東南アジア新興国の金融規制緩和の進む方向性を考察したい。

日本の外国為替法は、1949年に国際収支の均衡と通貨の安定を図ることを目的に施行されており、当時の正式名称は「外国為替および外国貿易管理法」と呼ばれた。具体的には、戦後の脆弱な日本経済の保護を実現するため、原則として外国為替取引を禁止し、許認可を受けた場合のみ認めていた。また、旧大蔵大臣が認可した外国為替公認銀行と、外国為替銀行法の免許を受けた外国為替専門銀行（旧東京銀行）の2種類の為替銀行（為銀）を通じてのみ取引を行う、為銀主義をとっていた。しかし、日本が飛躍的な高度経済成長を遂げて海外と自由に競争するようになると、これが足かせとなってきたため、1980年には為銀主義を維持しながら、従来の原則禁止から原則自由へ変更する改正外為法を施行するに至った。

さらに欧米諸国でも、外国為替の対外取引の自由化が進められ、東京市場の取引シェアが低下したために、改正外為法を抜本的に見直し、為銀主義を廃止して、個人や企業が自由に外国為替の対外取引を行えるようにするため、1998年に原則自由から完全自由へ規制緩和され、新改正外為法（正式名称は管理という文字が削除されて「外国為替および外国貿易法」）が施行されることになった。これによって、外貨取引を行う場合の事前許可や届出は不要となり、外国為替公認銀行等を通さずに、外国為替業務や資本取引が可能となった。

新改正外為法では、従来許可制であった海外預金の自由化（預金口座を利用した資金決済や外債投資の決済）、外貨建て取引の自由化（国内企業間の外貨建て決済、銀行以外での為替両替や外貨金融商品の購入等）、ネッティング決済の自由化（企業間債権債務差額の外貨決済）が実現できるようになった。また、従来事前届出制であった対外貸借取引の自由化、対外証券取引の自由化（外国から債券や株式の直接購入）が実現できることになった。特にネッティング決済の自由化は、外為手数料の削減と為替リスクの低減を図ることにつ

ながる。商社や海外に工場を保有する製造業などでは、債権債務を集中するネッティング・センターを置いて、国内外の外貨決済を拠点集中させて経済的効果を実現するため、クロスボーダーでの債権債務の相殺が試行錯誤されるようになった。

　新改正外為法施行2年後の2000年に、通商産業省は「外国為替および外国貿易法改正影響調査結果について」(以下「通商産業省調査[2000]」という)を発表している。その調査対象企業は、製造業および商社を含む卸売業、小売業に属する計901社となっている[17]。前述したように、改正外為法ではクロスボーダーでの支払受領は外国為替公認銀行等を通じた為銀主義が採用されており、銀行を経由しない取引は特殊決済方式として、常時主務大臣の許可義務が課されていた。しかし、新改正外為法では特殊決済に関する許可制は廃止され、対外取引を行う企業はクロスボーダー取引を自由に行うことが可能となった。その結果、特殊決済を行う企業の増加と、企業側の為替手数料の削減が実現できると期待されており、その利用実態を調査している。

　図表7-2から、ネッティング等特殊決済方式を利用している企業は全体の42％もあり、そのうち新改正外為法施行後新たに利用した企業(26％)

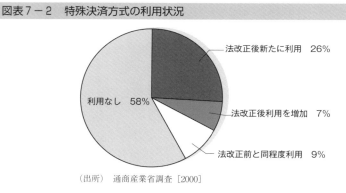

図表7-2　特殊決済方式の利用状況

法改正後新たに利用　26％
法改正後利用を増加　7％
法改正前と同程度利用　9％
利用なし　58％

(出所)　通商産業省調査[2000]

17　通商産業省調査[2000]、1頁。

と、法改正後利用を増加した企業（7％）合計で33％あり、新たにネッティング等を利用し始めた企業が増加しており、新法の期待通りの効果が出ていることがわかる。

業種別ではほとんどの業種で、約3割以上の企業が特殊決済方式を利用しているが、図表7－3から電気機器（60％）、輸送機器（57％）、卸売りを含む商社（49％）において、ネッティング等の利用割合が高くなっていることがわかる。

図表7－4から、特殊決済取引で利用している取引は、輸出取引で80％、輸入取引で72％と高く、主に輸出入取引でネッティング等が利用されていることがわかる。これは、輸出入代金は金額が大きく、外為手数料削減効果が大きいからだと推測される。

図表7－5から、ネッティング等のうち75％がバイラテラル・ネッティングを利用しており、マルチラテラル・ネッティングを利用しているのは11％しかなかったことがわかる。これは、バイラテラル・ネッテノングに比べて、マルチラテラル・ネッティングは高度な対外債権債務の相殺を行える社内体制の整備や、外貨保有による為替リスクを管理する能力をもつ人材の確

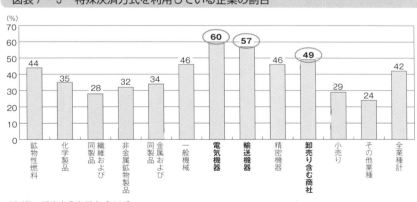

図表7－3　特殊決済方式を利用している企業の割合

（出所）　通商産業省調査［2000］

保が、依然困難であったからではないかと分析されている。

また、図表7-6から、ネッティング等の自由化によるメリットとして、為替手数料の節約が79％、許可制にかかる手間とコストの解消が52％となっており、企業側でコスト削減効果を評価していることがわかる。

図表7-2から図表7-6によって、改正外為法から新改正外為法への規制緩和により、クロスボーダーでのバイラテラル・ネッティングが進み、高

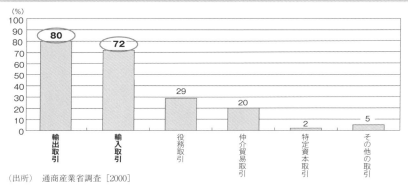

図表7-4 特殊決済方式を利用している取引

（出所）通商産業省調査［2000］

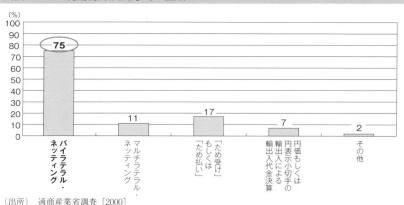

図表7-5 利用特殊決済方式の種類

（出所）通商産業省調査［2000］

140

度な対外債権債務の相殺を行える社内体制の整備や、外貨保有による為替リスクを管理する能力をもつ人材が不足しているという理由から、マルチラテラル・ネッティングには導入課題があるようである。また、電気機器製造、輸送機器製造、卸売りを含む商社での輸出入取引では、ネッティング等の利用割合が高くなっていることがわかった。そして、ネッティング等の経済的効果は、為替手数料の節約と許可制にかかる手間とコストの解消にあることがわかる。

外為法の規制緩和に伴うネッティング等特殊決済方式の進化発展は、多国籍化する大規模グループ企業の運転資金の効率化や銀行手数料の削減に大きな影響を及ぼす。クロスボーダー・ネッティングは、圧倒的に強い基軸通貨であるUSDが使われる地域やユーロ圏の欧州地域では、日本と同様に外国為替の規制緩和が進み、比較的実現可能性が高い。しかし、経済力が相対的に弱く、多通貨で金融規制が多く残る東南アジア地域においては、ネッティング等特殊決済方式の活用は、各国の金融規制がその実現可能性の障害となっている。

インタビュー調査では、機械製造E社は米国・欧州・アジアで手作業での

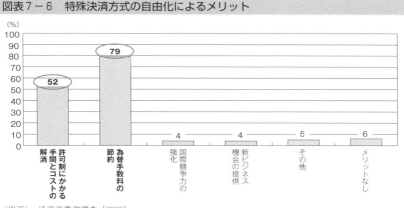

図表7－6　特殊決済方式の自由化によるメリット

（出所）　通商産業省調査［2000］

債権債務の相殺を実施している。また、非鉄金属F社は北米・欧州・中国（香港・上海）・シンガポール・ベトナム・フィリピン・インドネシアに会計財務を統括する財務センターを経由して手作業で債権債務の相殺を実施している。そして、機械製造G社は30年以上前から月1回親会社と海外子会社との間で、手作業にてUSD・ユーロ・人民元・ルピア・バーツ等の債権債務の相殺を実施していることを確認した。

岡部は、2009年時点のアジア・欧州・北米の外国為替に関する金融規制の状況をまとめている。欧州・北米では、共通通貨のユーロやUSDが利用され、特段のネッティング規制はない。また、東南アジアの先進国である日本やシンガポールも、特段のネッティング規制がない。しかしながら、その他のアジア諸国では図表7－7のとおり、何らかの資本移動規制があるため、クロスボーダーでのネッティングは自由に運用できない状況にあることがわかる。ただし、図表7－7は2009年時点での情報であり、各国の金融規制は

図表7－7　2009年時点の各国ネッティング規制

地域・国	アジア		欧州			北米
	日本	シンガポール	アイルランド	オランダ	英国	米国
国内ネッティング	○	○	○	○	○	○
クロスボーダー・ネッティング	○	○	○	○	○	○
バイラテラルおよびマルチラテラル・ネッティング	○	○	○	○	○	○

地域・国	その他の東アジア諸国					
	中国	タイ	マレーシア	インドネシア	韓国	ベトナム
国内ネッティング	×	自国通貨限定	自国通貨限定	○	○	自国通貨限定
クロスボーダー・ネッティング	×	許可制	許可制 外貨限定	○外貨限定	許可制	許可制 外貨限定
バイラテラルおよびマルチラテラル・ネッティング	×	許可制	許可制	○	許可制	許可制／バイラテラル限定

（注）　規制なしは○、規制ありは×
（出所）　岡部［2014］、58頁。

変化しており、流動的である。たとえば「中国では従来、輸出入通関と対外代金決済の一致の原則をとっていたが、2013年1月より外資系金融機関としては初めてHSBC銀行が国家外貨管理局（SAFE）の承認を得て、韓国企業向けの外貨建てクロスボーダー・ネッティングのサービスを開始している」[18]ようである。

　これら金融規制の動きは徐々にではあるが、日本の外為法と同様に規制緩和の方向に進み、先進国と同様の経路をたどることにより、クロスボーダー・ネッティングがグローバルレベルで実現されるようになると考えられる。なぜならば、通貨は自国の経済力を反映しており、相対的に経済力が高まると通貨価値が高まり、為替の固定相場制や擬似的な固定相場制から解放され、変動相場制へ移行すると考えられるからである。このように各国の金融規制緩和が、クロスボーダー・ネッティングの進化発展に強く影響を与えている。

　欧州では共通通貨ユーロが、GCMSに大きな役割を果たしているので、ここでユーロが誕生する歴史的過程をまとめることにする。欧州では、「ユーロ加盟国間の外国為替相場の変動率を一定幅に抑えるため、1979年より実施されていた欧州通貨制度（EMS）をさらに一歩進め、各通貨間の相場の固定と共通通貨の導入を行った。それが、経済通貨同盟（EMU）である。欧州連合条約に盛り込まれた手続に従い、1994年に後の欧州中央銀行（ECB）の前身である欧州通貨機構（EMI）を設立、各国の経済・財政政策の収斂を図り、物価の変動率や財政赤字のGDPに対する比率等に関する基準を満たした11か国が、1999年1月1日より共通通貨ユーロを導入した。そして、ユーロ貨幣の流通が開始されたのは、2002年1月1日である[19]。2001年1月にギリシャ、2007年1月にスロベニア、2008年1月にマルタ、キプロス、2009年1月にスロバキア、2011年1月にエストニア、2014年1月にラトビア、2015

18　岡部［2014］、58頁。
19　インタビュー調査において、機械製造E社は2002年のユーロ流通開始を契機にGCMSを導入していることがわかった。

年1月からリトアニアがユーロを導入し、現在、ユーロ圏は19か国」[20]となっている。このように、欧州で1979年から2015年まで36年間の長い歴史を経て共通通貨誕生を果たしたことを考えれば、東南アジアでの通貨統一は大きな困難を伴うと推測される。

次に、GCMS運用において、為替レートが問題となる事象を考察する。金融規制が少ない欧州では、欧州地域のインハウスバンクがユーロでキャッシュ・プーリングを行い、資金集中を行うことが可能である。そして、欧州地域のインハウスバンクのユーロ資金を、日本の親会社へ資金集中することも可能である。その際、欧州地域のGCMS参加会社が資金不足になれば、日本の親会社から欧州地域のインハウスバンクへユーロ資金を配布し、グループ企業全体でユーロ資金を効率的に一元管理できる。

しかし、仮に日本の親会社でユーロ資金が積み上がった場合、ユーロの価値が円の価値に対して上昇すれば（円安となれば）、ユーロの円への換算額が大きくなり、為替差益が発生する。その逆の場合には、為替差損が発生することになり、連結損益計算書上の為替差損益が変動し、損益計算書の経常利益以下の各利益の変動要因となる問題が発生する。この為替変動幅を可能な限り小さくするには、欧州地域のユーロの運転資金量を減少させる必要があり、欧州地域での参加会社のGCMSは、その問題を解決する手段のひとつとなりうる。つまり、欧州地域でもキャッシュ・プーリング、ネッティング、CMS支払代行を組み合わせた運用を検討する価値がある。

仮に国内親会社でユーロ資金が積み上がった場合で、かつ日本のインハウスバンクで日本円やUSDの資金量が不足する場合には、為替予約や通貨オプションなどを活用して、ユーロを日本円やUSDへ転換することを検討する必要がある。また、北米地域のUSD資金も、ユーロ資金と同様のことが当てはまる。

東南アジア地域では、日本・シンガポールなど先進国は金融規制がほとん

20　外務省「欧州連合（EU）概況」(http://www.mofa.go.jp/mofaj/area/eu/data.html)。

どない。しかし、図表7－7のとおり中国・タイ・マレーシア・インドネシア・韓国・ベトナムでは、クロスボーダーのバイラテラル、マルチラテラルのネッティングが許可制である場合、外貨に限定されている場合、禁止されている場合がある。

　また、東南アジア地域には共通通貨が存在しないので、クロスボーダーのプーリングを行うことが難しい。ソニーでは部品単価がすべてUSD建てとなっているため、全世界的にUSDが統一的な機能通貨となっている。そのため、東南アジア地域においても、USDでのキャッシュ・プーリングの運用を実施している。しかし、USDでキャッシュ・プーリングを行う場合でも、東南アジア地域での従業員給与支払いはUSDで行うことはできず、東南アジア各国の通貨へ転換する必要があるため、東南アジア各国の参加会社において、為替差損益が生じるリスクがある。

　宿輪[21]は、「東南アジアの基軸通貨はUSDであり、貿易取引と資本取引両方の外為市場取引でUSDが使われている比率が高く、外貨準備はUSD建てがほとんどである」と述べている。そこで、東南アジアの代表的な通貨であ

図表7－8　東南アジア4通貨価格の変動幅

通貨		タイ・バーツ	マレーシア・リンギ	インドネシア・ルピア	日本・円
最高値	価格	29.66	2.989	8.536	77.59
	期間	2013.3～2013.5	2011.6～2011.8	2011.6～2011.8	2011.9～2011.11
最安値	価格	35.92	4.452	14.057	122.55
	期間	2015.9～2015.11	2016.12～2017.2	2015.9～2015.11	2015.6～2015.8
平均値		32.64	3.453	10.744	99.20
高値幅(％)		8.3	10.4	15.7	17.6
安値幅(％)		10.1	28.9	30.8	23.5
変動幅(％)		18.3	39.3	46.5	41.2

(出所)　著者作成

21　宿輪[2006]、152頁。

るタイ・バーツ、マレーシア・リンギ、インドネシア・ルピアと日本・円について、基軸通貨であるUSDとの間で、どの程度の換算レート幅（変動幅）が存在するのかをみることにした。分析データ期間は、2007年6月末日から2017年5月末日までの10年間（120カ月）とし、各通貨の各月末日終値のUSDとの換算額をもとに、3カ月ごとにその平均値を算定した。図表7－8の平均値は、10年間の平均値であり、高値幅は最高値と平均値との乖離幅であり、安値幅は最安値と平均値との乖離幅であり、変動幅は高値幅と安値幅の合計値である[22]。

2007年6月末日から2017年5月末日までの10年間（120カ月）では、タイ・バーツのUSDに対する変動幅は18.3％と小さく、この間のタイ・バーツは相対的に変動幅が小さい通貨である。4通貨では、インドネシア・ルピアの変動幅が46.5％と最も大きく、日本・円の変動幅は41.2％、マレーシア・リンギの変動幅は39.3％となった。

図表7－1、7－7、7－8を総合すると、タイ・バーツは自由な外貨取引はできないが、比較的安定的な為替レートを実現し、自律的な金融政策を実現できる通貨に当てはまる（図表7－1　パターン1）。実際に、2007年6月末日から10年間では、相対的に為替変動幅が小さく、為替は安定しており、為替レートのトリレンマ理論通りとなる。

日本・円は、自由な外貨取引と自律的な金融政策を実現できる反面、安定的な為替レートは実現できない（図表7－1　パターン2）となる。実際には、為替変動幅が41.2％と大きく、これも為替レートのトリレンマ理論通りとなる。

一方、マレーシア・リンギとインドネシア・ルピアは、自由な外貨取引はできないうえに、価格変動幅が相対的に大きく、安定的な為替レートとはいえず、自律的な金融政策は不完全ながらも実現できていると考えられるので[23]、為替レートのトリレンマの図表7－1の3つのパターンのいずれにも

---

[22] USDと東南アジア4通貨の換算レートのデータは、Appendix 7を参照。

該当しない。しかし、自由な外貨取引・安定的な為替レート・自律的な金融政策の3つを同時に実現できないという為替レートのトリレンマ理論に合致する。

アジア通貨危機と為替レートのトリレンマ理論との関係について、竹中[24]は、「1997年にタイ・バーツの下落に端を発したアジア通貨危機は、為替レートのトリレンマに反した制度・政策をとったからである」と述べている。竹中は、「タイをはじめとするアセアン諸国は、90年代に内外の資金移動の自由化を進めながら、同時に政府の外為市場介入でUSDに対して固定的な相場を維持していた[25]。一方、国内経済は日本を含む先進国からの直接投資の増加などもあって好況で、タイ・バーツの金利がドル金利を大幅に上回る状態となっていた。つまり、タイではトリレンマの3つの条件（自由な外貨取引・安定的な為替レート・自律的な金融政策）を結果的に同時追求してしまった。

その結果、高金利の自国通貨と低金利のドルの金利格差に誘引されて、USDで借り入れ、バーツに転換して、国内投資に充てる取引残高が現地の企業や各種機関で莫大に積み上がった。そこで、ヘッジファンドは、バーツ売りでバーツの対USD相場が下落し始めるや、USD債務を抱える企業もリスクヘッジのために、USD買い・バーツ売りに殺到した。途中までUSD売り介入でバーツの下落を抑制していたタイ政府も外貨準備の底がみえてくると、介入を止め（1997年7月）バーツ相場は急落した。その結果、USD債務

---

23 梅﨑［2003］は、「中央銀行は利用可能な情報に基づいて現状を判断し、将来の目標変数を望ましい方向へ誘導するために金融調整を行う」とし、マレーシア中央銀行の金融政策運営も完全に自律的であったというよりは、海外からの影響を受けてきた」と述べている（126頁）。インドネシアについても、同様のことがいえると考えられる。
24 竹中［2012］
25 金子［1999］は、「通貨危機が起きる以前のアセアン諸国は自国の為替レートをUSDにリンクさせるドル・ペッグ制をとっていた。その結果、個別国の間で為替レートを調整することなく、すべての国がドル・ペッグ制をとることで、互いの為替レートの安定的な関係が築けていた。アセアン域内の諸国はお互いの通貨価値は間接的に固定されていた」と述べている。

のバーツ換算額が急拡大し、莫大な為替損で企業は債務不履行となり、融資していた銀行は不良債権の山となった。こうして通貨・金融危機に陥ってしまった」と述べている。

一方で、「アジア通貨危機が中国に伝染しなかったのは、中国が内外の資金移動を厳しく規制し、トリレンマの原理に整合的な制度をとっていたからだ。中国は現在も、為替相場は完全な固定相場ではないが、半固定的相場制を採用し、為替相場の変動を抑制している。その結果、内外の資金移動も規制している」と述べている。中国の場合は、自由な外貨取引を放棄し、安定的な為替レートと自律的な金融政策を実現しているので、図表7－1のパターン1に該当することになる。

以上のことから、欧米先進国に比べて経済力が弱い東南アジアの新興国において、通貨危機を回避するためには為替レートのトリレンマ理論の3つの条件（自由な外貨取引・安定的な為替レート・自律的な金融政策）のうち、自国の景気調整のための自律的な金融政策は、最も優先すべき項目である。これを放棄すれば、失業対策やインフレ対策の対応手段を失うことになるからである。そして、東南アジア各国の新興国では、依然輸出中心の経済発展を継続しているため、安定的な為替レートを維持したいので、これも優先すべき項目となる。その結果、外資導入を進めたいものの、自由な外貨取引に何らかの規制を加えて外貨取引を一部制限することによって、自国の金融政策を行わざるをえないと考えられる[26]。その結果、GCMS運用において、東南アジアでは自由な外貨取引に大きな制約が伴い、企業努力では解決できないGCMSの運用課題となる。

26　図表7－7参照。

第3節 アクチュアル・プーリングとノーショナル・プーリング

　キャッシュ・プーリングには、インハウスバンクを含めた参加会社間の資金移動を伴うアクチュアル・プーリングと参加会社間の資金移動を伴わないノーショナル・プーリングの2つの類型が存在する。ノーショナル・プーリングはGCMSで活用できるキャッシュ・プーリングなので、本節ではノーショナル・プーリングの活用可能性について考察する。インタビュー調査では、エネルギーA社だけがGCMSでノーショナル・プーリングを活用していることがわかった。この両方を比較検討するには、資本移動規制のない欧州・北米・日本と、資本移動規制のある東南アジアとを区別して考慮する必要があるが、本節では両方のメカニズムを単純化して、資本移動規制がない条件下で2類型を比較する。

　図表3-5で示したように、日本国内でアクチュアル・プーリングを運用する場合、インハウスバンクと参加会社は提携銀行にCMS口座を設定し、参加会社のCMS口座残高を毎日0円とするゼロバランスを実施している。参加会社のCMS口座がプラス残高になれば、ゼロバランスにより参加会社のCMS口座からインハウスバンクへ同額の資金移動が自動的に生じる。一方、参加会社のCMS口座が支払いによってマイナス残高になれば、ゼロバランスによりインハウスバンクから参加会社へ同額の資金移動が自動的に生じる。これをアクチュアル・プーリングと呼んでいる。

　その結果、インハウスバンクと参加会社との間で毎日貸借関係が生じ、支払・受取利息が計算される[27]。日本国内では、キャッシュ・プーリングを導入する会社のすべてが、このアクチュアル・プーリングを採用している。また、日本・欧州・米国などの金融先進地域では、自由な資本移動が確保され

27　Appendix 3参照。

ているので、資本移動が大きな制約となることなく、インタビュー調査においても実際にその運用がなされていることを確認した。

　一方で、実際にグループ企業間で資金移動を行わずに資金集中化を実施するのが、ノーショナル・プーリングである。グループ企業は提携銀行に口座を開設し、資金を預けておき、提携銀行は参加会社各社合計の預金残高に対して付利する。言い換えれば、提携銀行は参加会社各社の複数の口座を、あたかも1つの口座のように扱うことになる。

　参加各社は、自社の余剰資金を提携銀行の自社口座に手作業で資金集中させるようにする。そして、ある参加会社の運転資金が不足する場合には、当該会社の口座のマイナス残高が許容されるため[28]、当該会社は提携銀行の自社口座から必要な資金のみを引き出すことが可能となる。その結果、アクチュアル・プーリングの資金集中化によるメリットを享受しながら、運転資金が不足する場合には必要な資金のみを引き出すことが可能となり、ノーショナル・プーリングにおいてもアクチュアル・プーリングと同様の使用運転資金の圧縮を実現できる。アクチュアル・プーリングの場合、日々の資金移動はアプリケーションで自動計算されるが、ノーショナル・プーリングでは、企業側が提携銀行から支払われる金利を受け取る口座を指定し、提携銀行から支払われた金利を参加会社各社の貢献に応じて、配分する必要が生じる。これを図示すれば、図表7-9のとおりとなる。

　参加会社Aは100の、参加会社Cは40の余剰資金を提携銀行口座に送金することにより、資金集中がなされる。一方、参加会社Bは運転資金が不足したため、提携銀行口座から60を送金できる。その結果、共通口座の残高は80となり、提携銀行は共通口座残高80に対して、付利することになる。B社は資金不足となり60の資金調達を行うので借入金を認識することになるが、B社借入後の合計残高は80とプラスとなっており、どの会社がB社へ貸し付けているのかが明確ではない。つまり、資金を貸し付けているのはA社とC社

---

[28] Blum［2012］は「ノーショナル・プーリングにおいて、提携銀行が参加会社に対して、金利なしの当座貸越を運用することを許容している」と述べている。

図表7-9　ノーショナル・プーリングの資金の流れ

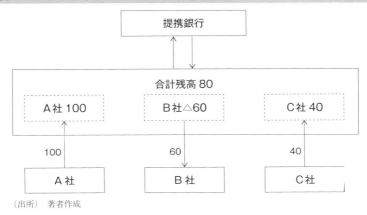

(出所)　著者作成

の両方となる。

　Blumによれば、貸付事実が明確に認識されないため、税務当局が資金余剰の参加会社が資金不足の参加会社へ貸付を実施しているとみなし、A社とC社が貸付によって利益を認識すべきであると推定し、課税される危険性があると指摘している。資金移動の出し手と受け手が明確なアクチュアル・プーリングではこのような推定は生じないが、ノーショナル・プーリングでは資金移動の出し手が明確ではないために貸付の会計処理が行われず、税務上の判断が不明確になり、税務上の推定課税リスクが生じる。

　以上は、実際に参加会社間の自動的な資金移動を伴うアクチュアル・プーリングと自動的な資金移動を伴わないノーショナル・プーリングの異なる特徴である。第1節で述べたように、資本移動規制の存在する東南アジアでは、両者はどのような活用ができるのか。次節では、資本移動規制のある東南アジアでのアクチュアル・プーリングとノーショナル・プーリングの活用について考察を加える。

第4節 GCMSの運用課題と対応

　図表7－9で示したように、ノーショナル・プーリングは参加会社A・B・C社間の資金移動を伴わないため、資本移動規制がある地域の場合、これを回避することができると考えられる。最大の課題は、連結会計上で貸借残高の消去が可能か否かにある。

　アクチュアル・プーリングはインハウスバンクと参加会社間（連結子会社）の貸借取引であるから、グループ資金の借入れと預け金が連結消去でき、連結総資産を圧縮でき、ROAやROEの財務指標が改善される。これに対して、ノーショナル・プーリングは擬似的に資金不足会社に資金融通するだけなので、グループ会社間の貸借が生じない。つまり、参加会社から集中した余剰資金を資金不足になった参加会社へ自動的に配布することができないため、栗原[29]は「連結会計上の貸借相殺ができない点が大きな課題である」と指摘している。また、西山も「バランスシートのスリム化は不可能である」と指摘している。一方Blumは、アジアにおいてノーショナル・プーリングが活用されている事例があると述べており、推定課税の課題があることを指摘しているが、連結消去の可否については言及がない。

　インタビュー調査において、エネルギーA社では、ノーショナル・プーリングで参加会社の提携銀行のプラス残高口座とマイナス残高口座を相殺している事実を確認している。エネルギーA社の財務責任者は、会計士との協議を経て相殺を実施していると述べた。その理由として、連結会計上では借入れと預金を相殺できるか否かの統一的な見解がなく、その判断が分かれることがあり、実務上で会計士との協議が必要であるからとのことだった。このように、ノーショナル・プーリングの参加会社間の貸借連結消去の可否は、

29　栗原［2014］、5頁。

その見解が分かれている。

仮に貸借残高の連結消去ができない場合でも、岡部は「ノーショナル・プーリングはグループ内参加会社の余剰資金を利用して、グループ外の第三者の銀行からの借入金を圧縮させ低減させることで、支払利息負担を軽減させる目的には合致するし、クロスボーダー取引に伴う二重課税の問題をなくすソリューションとして有効な可能性もある」と述べており、経済的効果を見込めるキャッシュ・プーリング手法であることを指摘している。

ただし、税務面での課題として、Blumは「国境をまたいで稼得する利息（含み益）に推定課税する国では、税務リスクが生じる可能性がある」と指摘している。また、岡部は「税務上の取扱いは汎用性のある解釈がなく、税務当局の見解によって取扱いが大きく異なることも否定できないので、実際の導入にあたっては税務当局への確認が必要である」[30]と注意を促している。その結果、西山は「財務上のメリットは金利の節約にとどまる可能性があるため、キャッシュ・マネジメントとしては不完全な形態である」[31]と述べている。

次に、受取利息の源泉徴収税について考察を加える。日本国内でのアクチュアル・プーリングは、インハウスバンクと参加会社の双方で受取利息が発生する。しかし、受取利息の源泉徴収税の事務は煩雑であるので、これは行わずに源泉徴収前の受取利息を各社で計上し、法人税で受取利息を益金計上して納税を実施している。受取利息の源泉徴収事務を行った場合、法人税法上は前払い税金に該当する。しかし、受取利息の源泉徴収税を計上するか否かにかかわらず、最終的には法人税法上の課税所得を算定し、法人税を納付するので、受取利息の源泉徴収事務の煩雑さを回避するために、受取利息の源泉徴収税の事務（分離課税）を行わずに、法人税で受取利息を益金計上して納税（総合課税）を実施している。

しかし、東南アジアでは共通通貨が存在せず、国境をまたぐ資本移動の場

---

30 岡部［2014］、42頁。
31 西山［2013］、68頁。

合には、受取利息の参加会社が所在する国への納税となり、源泉徴収義務が生じる可能性があると考えられる。ノーショナル・プーリングはグループ内で実際の資金移動を伴わないことから、アクチュアル・プーリングとは異なり、グループ内での利息の源泉税や金銭貸借契約などの手続が不要となる。そのため、Blumは「ノーショナル・プーリングは資金移動があったとみなすというあいまいさゆえに、税務問題が生じる可能性がある」と警鐘を鳴らしている。また、岡部も「ノーショナル・プーリングがインハウスバンクと参加会社の間で資金移動が伴わないため、貸借関係が生じず、それに付随する利息も発生しないという解釈が成り立つため、源泉所得税が課せられない可能性があるが、税務上の取扱いは各国の税務当局の見解に左右されることがあり、提携銀行や税務当局との確認が必要である」と注意を促し、「特別な理由がなければ、アクチュアル・プーリングを採用するべきである」と述べている。

アクチュアル・プーリングとノーショナル・プーリングの比較をまとめると、図表7－10のとおりとなる。なお、ノーショナル・プーリングは参加会社間で実際に資金移動を伴わず、提携銀行との資金移動となるので、複数通

図表7－10　アクチュアル・プーリングとノーショナル・プーリングの比較

	アクチュアル・プーリング	ノーショナル・プーリング
資金移動の有無	○	×
金利コストの削減	○	○
短期運転資金圧縮	○連結会計上相殺可	△連結会計上相殺判断が分かれる
税務上の課題	×源泉所得税の徴収必要	△源泉所得税の徴収義務不明
システム制作・銀行利用の場合のコストの有無	×必要	○不要
複数通貨の取扱い	×	○同時に複数通貨の取扱い可、提携銀行が特定通貨へ変換して付利

(注1)　グループ企業の資金効率化に貢献する内容を○、貢献しない内容を×、不明である内容は△と表示した。
(注2)　税務上の取扱いは、GCMSを前提として評価している。日本国内でアクチュアル・プーリングを運用する場合は、受取利息の源泉徴収事務をしていない。
(出所)　著者作成

貨を同時に扱うことが可能となる長所がある。具体的には、提携銀行がそれぞれの通貨で集中された資金を特定通貨（たとえばUSD）に換算して、特定通貨で参加会社合計残高に対して付利することが可能となる。インタビュー調査では、エネルギーA社はGCMSでUSD・豪ドル・カナダドル・シンガポールドル・ユーロ・ポンド・日本円を扱っていることがわかった。

　このように、ノーショナル・プーリングは会計と税務の解釈が統一されていないことから、全世界で統一的GCMSを運用して日本本社へ資金集中を実現するには、事前に会計士や各国の税務当局と協議して、税務上問題が生じないことを確認したうえで、活用しなければならない。しかし、このような制約があるものの、欧州・北米などの地域のインハウスバンクや資本移動規制がある東南アジア新興国から日本の親会社へ資金集中する場合に、財務責任者はノーショナル・プーリングを避けて通らずに、この活用を検討すべきではないかと考える。

おわりに

　第1章第1節で述べたように、本書の目的はCMSの運用にあたって解決すべき法的論点を指摘し、どのようにしてこれらを解釈するのか、また留意すべき課題は何かを論じること、CMSの運用実態を把握するために企業財務責任者へのインタビュー調査を実施し、その結果発見できたCMSの運用事例や課題を明らかにすることを通して、CMSの経済合理的運用に貢献するために、その運用上の課題に多面的考察を加えて、その課題対応を提示することにあった。

　CMS運用環境整備には、インターネット・アプリケーション・提携銀行・EBという4つの前提条件をどのように選択して、設計するのかが非常に重要な検討事項となる。言い換えれば、4つの前提条件を検討して決定することはCMS運用の基本設計にあたり、きわめて重要な意思決定となる。

　なぜならば、CMSを運用するにはインハウスバンクと参加会社間の取引データをタイムリーに伝達するインターネットが必要であり、その貸借データをもとに毎日の貸借残高や利息を計算し、月末には会計仕訳などCMS運用で生じた取引結果を自動計算させるアプリケーションが必要となるからである。このアプリケーションは主にMUFG・SMBC・みずほ銀行の3メガバンクが提供しており、一部には自社独自のシステムやシステムベンダーが提供するものも使用されている。そして、提携銀行をどのように決定するのかは将来のCMS運用を制約する非常に重要な事項となる。

　提携銀行を1行にしてCMS運用を簡素化することがグループの効率的資金一元管理に寄与し、理想的である。しかし、従来のメインバンクとの関係を考慮して、提携銀行を複数行とせざるをえない場合もありうる。特に、提携銀行を1行とする意思決定を行う際には、企業側の経営会議や参加会社からの異論や抵抗が想定され、CMS構築にあたって解決しなければならない重要な課題となる。なぜなら、提携銀行が1行か複数行かによって、国内

CMSの各機能(キャッシュ・プーリング、ネッティング、CMS支払代行)の運用方法に重要な影響を与えるからである[1]。そして、参加会社は選択した提携銀行ごとに、当該銀行が提供するEBを導入して資金移動を行う。一方、インハウスバンクは提携銀行数のCMS統括口座を保有しながら、その残高を手作業で調整する必要が生じるため、CMSの効率的資金一元管理を減殺することになる。したがって、CMSを導入するだけでは、必ずしも効率的資金一元管理が実現できるとはいえない。

CMSの主要機能であるキャッシュ・プーリングや長期CMSは、第2章第3節のインタビュー調査の発見事項(7)キャッシュ・プーリングと長期CMSの連結総資産圧縮状況で述べたように、約3.9%のROA向上に寄与している。また、一定の前提状況を置けば年間5億円程度の経済的効果を生み出す。そして、参加会社が必要な時に必要な金額だけ資金調達できることが、参加会社の資金繰り精度を甘くし、引いてはインハウスバンクの資金繰りを歪めてしまうオートマティック・キャッシュ・フローを生み出してしまう。そして、これを極小化するためには、ネガティブ・インセンティブとなる厳格な貸付限度額管理・ペナルティ金利・代表者の始末書などを有効に機能させて、資金繰り精度を高めなくてはならない。また、これはプリンシパル・エージェンシー理論におけるインハウスバンクの参加会社に対するモニタリング活動であると述べた。このオートマティック・キャッシュ・フローは、完全になくすことはできないが、企業がキャッシュ・プーリングの運用面での工夫を行うことによって、極小化できる。

CMSは、第2章第3節のインタビュー調査の発見事項(1)国内CMSの運用開始時期で述べたように、2000年以降に導入されている。比較的新しいグ

---

[1] キャッシュ・プーリングでは、提携銀行が1行ならインハウスバンクのCMS統括口座は1つとなる。提携銀行が複数行ならインハウスバンクのCMS統括口座は提携銀行数となる。その結果、インハウスバンクの各行CMS統括口座間の手作業での資金調整が毎日必要となり、業務負荷が増加する。また、ネッティングでは、提携銀行が1行ならCMS口座統制による債権債務の相殺(第三法)を採用できるが、提携銀行が複数行なら、会計仕訳を活用する(第二法)しか選択の余地がなくなる。

ループ・ファイナンスの仕組みであるため、第3章第4節・第5節で出資法・貸金業法・印紙税法・会社法・法人税法などの論点を紹介し、これらの解釈や対応方法を示した。結果として、CMSの運用に関する法的な課題は解決できるものであった。

第4章では、参加会社の設備投資資金を提供する長期CMSの運用課題を示した。参加会社の短期運転資金を提供するキャッシュ・プーリングと、長期CMSは資金使途が異なるため、設備投資には長期固定金利での資金提供が必要であることを述べた。

第5章のネッティングのメカニズムと運用課題では、理論的に考えられる第一法債権債務差額の相殺は実務では利用されていないこと、メガバンクの提供するアプリケーションでは第二法貸借勘定付替えによる債権債務の相殺が利用されていることをインタビュー調査もふまえて示した。そして、提携銀行が1行の場合に利用可能な第三法CMS口座統制による債権債務の相殺を紹介した。これは、先行研究にはなく、実務でも採用例が少ないネッティング手法であり、CMS研究への貢献であると考えている。

第6章のCMS支払代行・CMS回収代行のメカニズムと運用課題では、CMS支払代行の経済的効果は事務コストの削減効果、短期運転資金の圧縮効果、銀行手数料の削減効果にあることを示した。一方、CMS回収代行に前二者は存在するが、銀行手数料の削減効果がないことから企業財務担当者の興味が低いこと、メガバンクの汎用アプリケーションにはCMS回収代行が含まれていないことを示した。そして、支払不正・内部牽制を通じてグループ全体のガバナンスを強化することが可能であることも述べた。さらなる事務効率化の実現には、ERPなどの活用を検討すべき余地があるものの、費用対効果の検証が不可欠であることも示した。

第7章のGCMSの運用課題では、欧州や北米などで運用可能なアクチュアル・プーリングがなぜ東南アジア新興国で運用ができないのかを為替レートのトリレンマ理論を援用して、その理由を述べた。これは企業努力では解決できない運用課題である。しかし、日本の外国為替法の変遷や通商産業省調

査［2000］から、東南アジア新興国の経済力が高まれば、いずれは解決できる可能性がある課題であることも述べた。また、ノーショナル・プーリングの活用可能性と運用課題についても言及し、企業財務責任者はノーショナル・プーリングの活用を検討すべきであることを述べた。ただし、アクチュアル・プーリングでは参加会社の存在する国での受取利息の源泉課税義務について、十分な企業事例や考察を加えられていないので、今後の研究課題としたい。

　グループ全体の経営資源であるヒト・モノ・カネ・情報という経営資源の状況を素早く正確に把握し、これらの経営資源の全体最適を目指して経営管理する手段が連結経営基盤である。CMSは、そのグループ財務面での連結経営基盤であることを疑う余地はない。

　インタビュー調査でも紹介したように、グループ企業ごとにCMSの導入目的は異なっていた。子会社の余剰資金を集中させて親会社の有利子負債を圧縮すること、子会社に余剰資金を保有させないという親会社の財務方針を徹底するために子会社の余剰資金を集中させること、CMS導入前にはグループ合計で銀行預金（資産）と銀行借入れ（負債）が両建てで存在し、非効率な資金ポジションをとっていたので、連結BSの貸借残高を圧縮させて資金効率を改善することをCMSの運用目的とする事例があった。このCMS運用目的と基本設計を相互に勘案しながら、CMSの各機能（キャッシュ・プーリング、ネッティング、CMS支払代行、CMS回収代行、GCMS）のうち、どの機能を採用するのかを具体的に決定しなければならない。そして、CMSの基本設計をもとにCMSの詳細設計（ネッティング手法の決定や支払代行の証憑突合担当部署）を決定しなければならない。CMSのアプリケーションは3メガバンクが提供するケースが多く、システムのカスタマイズは難しい。したがって、あらかじめ自社のCMS運用目的を明確に定めたうえで、そのシステムを選択しなければならない。つまり、CMSの運用目的・基本設計・詳細設計を決定するには、CMSの各機能のメカニズムを十分理解することが前提となる。そこで、CMSの代表的な機能と運用課題に多面的考察を加

えて、その課題対応を提示した。
　今後新たにCMSの導入ないしは、リ・エンジニアリングを検討されている企業財務責任者の方々、CMS・GCMSの開発や運用にご関心がある銀行関係者の方々、グループ経営を研究テーマとされている研究者の方々へ、本書がCMSの知見を提供できたのであれば、これ以上の喜びはない。

参考文献

厚治英一［2015］「三井住友銀行が邦銀で初めてGCMを汎用商品化」『金融財政事情』第66巻第15号、30 - 31頁

有富和利［1991］「多様化する金融のためのVAN」『電気学会雑誌』第111巻第11号、923 - 926頁

有吉尚哉・伊藤真弥［2014］「「貸金業」の範囲見直しによるグループ内金融・合弁事業への影響」『商事法務』第2031号、17 - 25頁

有吉尚哉・伊藤真弥・谷昌幸［2012］「キャッシュ・プーリングに関わる法的論点整理」『金融法務事情』第60巻第21号、67 - 73頁

イオ信用組合「信用組合Q&A」
http://www.io-shin.com/information/faq.html

池尾和人［2010］『現代の金融入門』筑摩書房

池田唯一［2015］「金融グループ規制改革が求められる理由」『金融財政事情』第66巻第17号、54 - 59頁

砂川伸幸・川北英隆・杉浦秀徳［2008］『日本企業のコーポレートファイナンス』日本経済新聞出版社

伊藤薫他［2015］「日本企業のグローバル財務・資金管理の現状と課題」『金融財政事情』第66巻第15号、10 - 17頁

伊藤隆敏他［2008］「貿易取引通貨の選択と為替戦略：日系企業のケーススタディ」独立行政法人経済産業研究所RIETI Discussion Paper Series.

伊藤雅彦［2013］「グローバル キャッシュ マネジメントの必要性と推進上の課題」『企業会計』第65巻第5号、55 - 62頁

犬飼重人［2012］「日系金融機関のトランザクション・バンキング業務（資金決済・CMS関係等）の競争力強化の必要性について」我が国金融業の中長期的な在り方WG

岩佐圭祐［2015］「GCM高度化は企業の攻めと守りの両面の基盤」『金融財政事情』第66巻第15号、25 - 29頁

岩下直行［2015］「銀行の情報システムの新しい設計思想」『金融財政事情』第66巻第1号、10 - 14頁

岩壷健太郎［2014］「邦銀による資金決済・貿易金融の新潮流―キャッシュ・マネジメントとサプライチェーン・ファイナンス―」アジア太平洋研究所、第23号

岩部成良［1988］「一括支払システムの現状と課題―「もう一つの財テク」資金決済効率化の視点―」『日本経営診断学会年報』第20号、255 - 265頁

梅﨑創［2003］「通貨危機以前のマレーシアにおける金融・為替レート政策」『金融政策レジームと通貨危機：開発途上国の経験と課題』、日本貿易振興機構アジア経済研究所、93－134頁

ウヴェ・フリック［2011］、小田博志・山本則子・春日常・宮地尚子訳『質的研究入門：人間の科学のための方法論』春秋社

NIRAフォーラム［2006］『「次世代企業トレジャリーマネジメントへの展望」―GEのグローバル・キャッシュ マネジメントに学ぶ―』、http://www.nira.or.jp/past/newsj/kanren/170/172/gijiroku.pdf.

王忠毅［2006］「日系多国籍企業の資金調達戦略―内部資本市場を中心として―」『西南学院大学商学論集』第52巻第4号、99－122頁

岡部武［2014］『グローバルCMS導入ガイド』中央経済社

奥島孝康［1998］『演習ノート会社法』法学書院

奥島孝康・千野直邦［1996］『現代企業法の諸問題』成文堂

奥村宏［1998］『メインバンク神話の崩壊』東洋経済新報社

尾田温俊［2003］「トリレンマ命題とアジア通貨危機」『福山大学経済学論集』第28巻第1号、91－110頁

小田大輔［2007］「CMS（キャッシュ・マネジメント・システム）の適法性に関する考察」『金融法務事情』第55巻第30号、28－39頁

尾山哲夫［2013］「資金管理の透明化による内部統制の強化」『企業会計』第65巻第5号、70－81頁

小山浩［2014］「税務に関する取締役の会社法上の責任の検討」『商事法務』第2054号、34－44頁

柯隆［2015］「中国における政策性金融の台頭と国際金融ネットワークの拡張」『金融財政事情』第66巻第1号、35－39頁

片方善治［1992］「エレクトロニック・バンキングに関する諸考察」『OA学会論集』第2号、1－16頁

加藤盛弘［2002］『現代の会計学』森山書店

川合研［2010］「商業銀行の機能―決済と金融仲介」『桃山学院大学経済経営論集』第51巻第2号、161－177頁

蒲原寧［2015］「システム部門からみた銀行システムの課題」『金融財政事情』第66巻第1号、15－19頁

金融財政事情編集部［2002］「財務マネジメントサーベイ2002調査結果から」『金融財政事情』第53巻第39号、42－45頁

金融審議会［2015］『決済業務等の高度化に関するスタディ・グループ（中間整理）』

金融庁総務企画局総務課国際室［2006］「アジアの金融資本市場と我が国市場の発展に関する共同研究─論点整理─」、
　https://www.fsa.go.jp/inter/etc/20060630/02.pdf.
金融庁事務ガイドライン第三分冊：金融会社関係２－１－１⑴、
　http://www.fsa.go.jp/common/law/guide/kaisya/02.pdf.
熊谷優克［2006］「邦銀のインターネットバンキングの現状と戦略的活用の方向性」『日本国際情報学会紀要』第３号、58－69頁
中澤進・倉林良行・岩﨑啓太［2014］『欧米企業から学ぶグローバル連結経営管理』中央経済社
栗原宏［2014］「グローバル キャッシュ マネジメントと財務の高度化」『KPMG Insight』第８号
黒田晁生他［1998］『企業財務戦略ビッグバン─コーポレート・ファイナンスの再構築』東洋経済新報社
経営法友会会社法問題研究会［1999］『取締役ガイドブック』商事法務研究会
経済産業省調査［2015］「平成26年度総合調査研究 GCMおよびABLの現状と普及促進に向けた課題の調査等」
経済産業省電子債権を活用したビジネスモデル検討WG［2005］『電子債権構想─IT社会における経済・金融インフラの構築を目指して─』
小西宏美［2010］「グループ内国際貸付資本としてのインハウスバンクと直接投資」『駒沢大学経済学論集』第42巻第１号、１－13頁
後藤英夫［2012］「IFRS対策会議─グローバル・キャッシュ・マネジメントの導入」『経理情報』第1322号、52－55頁
澤邉紀生・飛田努［2009］「組織文化に応じたマネジメントコントロールシステムの役割─管理会計と企業業績に関する実証分析─」『メルコ管理会計研究』第２号、53－67頁
首藤恵・松浦克己・米澤康博［1996］『日本の企業金融』東洋経済新報社
宿輪純一［2006］『アジア金融システムの経済学』日本経済新聞社
宿輪純一［2015］『決済インフラ入門』東洋経済新報社
白井さゆり［2016］『超金融緩和からの脱却』日本経済新聞社
庄司容子・佐伯真也・小笠原啓［2017］「ファンドが暴いた財布の中身」『日経ビジネス』第1891号、2017年５月15日号、12－13頁
末田武寛［2008］「グローバル財務戦略試論」『日立総研』第３号、10－15頁
税理士法人中央青山［2005］「グローバル・キャッシュ・マネジメントに関する国際税務」Gets、Vol.29December、１－９頁
関根栄一、岩谷賢伸［2009］「日本企業のアジアにおけるキャッシュマネジメント

の現状と展望」『資本市場クォータリー』冬号、231-252頁
園田智昭［2014］「企業グループの全体最適と部分最適―管理会計の視点による分析―」三田商学研究第56巻第6号、125-131頁
田尾啓一［2007］『グループ経営の財務リスクマネジメント』中央経済社
高橋宏幸［2014］「戦略経営とグループ経営」『戦略経営ジャーナル』第3巻第2号、173-182頁
高見陽一郎［2013］「CMSにおけるBSマネジメント」『企業会計』第65巻第5号、63-69頁
竹内功［2014］「多国籍企業外貨資金集中運用管理規定（試行）23号通達の詳細―外貨クロスボーダープーリング、外貨集中決済・ネッティング（全国試行版）について―」『みずほ チャイナ マンスリー』7月号、9-13頁
武田晴人［2007］「資本市場の発展とその意義に関する覚書」『経済論叢』第180巻第1号、1-20頁
竹中正治［2012］「中国元国際化に政治の壁、通貨危機リスクも」『ロイター』、2012年6月26日
通商産業省調査［2000］「外国為替および外国貿易法改正影響調査結果について」
塚本英巨［2014］「平成二六年改正会社法と親会社取締役の子会社監督責任」『商事法務』第2054号、23-33頁
辻信二［1986］「エレクトロニック・バンキングと支払システムの変貌」『経営論集』（東洋大学）第26号、91-112頁
手塚裕之［2000］「野村証券損失補填代表訴訟事件の最高裁判決―取締役の法令違反行為による責任―」『商事法務』第1572号
土井秀生［1999］「競争優位の確立と勝ち残るためのキャッシュマネジメント」『経理情報』第886号、42-45頁
徳光眞介［2010］「宇部興産グループの資金マネジメント―CMSの活用と今後の課題」『企業会計』第62巻第5号、696-702頁
塘誠・浅田孝幸［2004］「郵送調査からみた国際財務管理と責任会計」『経営情報研究』（摂南大学）第11巻第2号、41-60頁
徳賀芳弘・大日方隆［2013］『財務会計研究の回顧と展望』中央経済社
飛田努［2010］「企業価値向上のためのマネジメントコントロールシステムの分析視角～2000年代における企業観の変化と管理会計への影響～」『会計専門職紀要』、37-52頁
内閣府経済社会総合研究所（ESRI）［2011］「バブル／デフレ期の日本経済と経済政策」『日本経済の記録―金融機器、デフレと回復過程―』（第4部金融危機とデフレーション　1997～2001年を中心に）7-43頁

中島真志［2003］「国際的な決済システム改革の流れとわが国の方向性」『国際開発研究フォーラム』第23号、21－33頁

中島真志［2007a］「わが国における電子マネーの新展開」Reitaku International Journal of Economic Studies Vol.15 No.2、97－112頁

中島真志［2007b］「ペイメント・チェーンにおける銀行の役割について─e-invoicingを中心に─」Reitaku International Journal of Economic Studies 第15巻第2号、1－17頁

中島真志［2015］「世界の小口決済改革事情」『金融財政事情』第66巻第16号、24－29頁

中田真人［2002］「次世代金融サービス戦略モデル─金融ソリューション─」『沖テクニカルレビュー』第69巻第3号、6－9頁

中村正史［2002］「キャッシュ・マネージメント・サービス（CMS）で効率的な資金管理を実現」『経理情報』第994号、44－47頁

中村正史［2008a］「銀行間の激しいCMS競争」『月刊金融ジャーナル』第49巻第4号、85－88頁

中村正史［2008b］「二極化するCMS導入効果」『月刊金融ジャーナル』第49巻第5号、99－102頁

中村正史［2008c］「CMS最終戦争に勝つ方法」『月刊金融ジャーナル』第49巻第6号、57－60頁

長田えりか［1999］「ノンバンク社債法の概要」『商事法務』第1534号

西山茂［2013］『キャッシュマネジメント入門』東洋経済新報社

日本銀行国際局［2014］「外為法の報告制度について」、12月1日

日本経済新聞社「財務最前線～アンケート調査から（上）」（朝刊）2007年8月23日、15面

丹羽由一［2010］「アジアの最新ファイナンス事情②」『FFG調査月報』3月、8－13頁

根岸毅［1997］「規範的な議論の構成と必要性」『法学研究』（慶應義塾大学）第70巻第2号、11－34頁

長谷川真琴［2013］「ドイツ銀行のグローバルキャッシュマネジメントサービス」『金融財政事情』第64巻第20号、33－36頁

日置圭介・近藤泰彦［2010］「日本企業におけるキャッシュ・マネジメントの現状」『金融財政事情』Vol.63 No.40、32－34頁

MUFG法人決済ビジネス部［2015］「トレジャリーマネージメントサービス～弊行CMSを活用したグループ資金・財務決済効率化について」

福嶋幸太郎［2014］「中国向けビジネス・プロセス・アウトソーシングに関する実

践研究」『関西ベンチャー学会誌』第 6 号、54 – 63頁
福嶋幸太郎［2015］「CMSキャッシュ・プーリングの経済的効果と運用課題」『関西ベンチャー学会誌』第 7 号、22 – 31頁
福嶋幸太郎［2017a］「グローバル・キャッシュ・マネジメントの運用課題」『関西ベンチャー学会誌』第 9 号、3 – 15頁
福嶋幸太郎［2017b］「CMSネッティングのメカニズムと課題」『経済論叢』第191巻第 4 号、39 – 60頁
福嶋幸太郎［2018a］「CMS支払代行・回収代行の経済的効果と運用課題」『関西ベンチャー学会誌』第10号、50 – 60頁
福嶋幸太郎［2018b］「連結経営基盤キャッシュ・マネジメント・システムの運用課題と対応に関する研究」（京都大学博士論文）
細居俊明［2004］「国際金融のトリレンマ論の陥穽」『国際経済』第55巻（報告17）、230 – 232頁
香港上海銀行［2003］『アジアのキャッシュ マネジメント』東洋経済新報社
松田千恵子［2014］『グループ経営入門―グローバルな成長のための本社の仕事―』税務経理協会
松村勝弘［2001］『日本的経営財務とコーポレート・ガバナンス』中央経済社
松行康夫［2001］「日本企業のグループ経営と世界基準―知の創発を中心として―」『経営研究所論集（東洋大学）』第24号、69 – 82頁
三木哲也［2013］「戦略、業務、組織、ITのあり方を見直すグローバル・キャッシュ・マネジメント」『経理情報』No.1337、9 – 23頁
三井住友フィナンシャルグループ［2016］『有価証券報告書（2016年 3 月期）』
康井義房［2010］「グローバル・キャッシュマネジメントシステム（GCMS）の現状と課題」『金融財政事情』Vol.61 No. 3、54 – 58頁
山竹正浩［2015］「グローバル化する企業を支えるキャッシュマネジメントソリューション」『金融財政事情』第66巻第15号、18 – 24頁
山田英司［2010］『グループ経営力を高める本社マネジメント』中央経済社
山田仁志［2016］「日本の大企業の資金調達行動の分析」『国際経営・文化研究』第21巻第 1 号、73 – 83頁
山本清次・中園繁克［1993］『親子会社の税務・法律判断―有利選択』ぎょうせい。
山本昌弘［2002］「連結経営の理論について―M.Gooldのグループ経営戦略論を中心に―」『明大商学論叢』第82巻第 2 号、267 – 281頁
吉川武志［2008］「企業財務の変化と金融サービスへの期待」『日立総研』第 3 号、22 – 27頁

米沢康博［2008］「わが国企業の多角化とその効率性」『日立総研』第3号、4-9頁

米沢康博・芹田敏夫・小西大［2004］『新しい企業金融』有斐閣アルマ

Angelini, P., Maresca, G., and Russo, D. [1996] "Systemic risk in the netting system," *Journal of Banking & Finance*, 20 (5), pp. 853-868.

Anvari, M. [1986] "Efficient scheduling of cross-border cash transfers," *Financial Management*, pp. 40-49.

Peters, M. [1999] "Cash management in euroland. London," *Arthur Andersen Treasury Management International*.

Blum, M.S. "Tax Issues of Intragroup Open Accounts and Cash Management Systems," *Taxes*, 90, pp. 23-34.

Capstaff, J., and Marshall, A. [2005] "International cash management and hedging: a comparison of UK and French companies," *Managerial Finance*, 31 (10), pp. 18-34.

Chong, L.L., Chang, X.J., and Tan, S.H. [2014] "Determinants of corporate foreign exchange risk hedging," *Managerial Finance*, 40 (2), pp. 176-188.

Dimitriadis, D. [2000] "Creating the Virtual Treasury," *TREASURY MANAGEMENT INTERNATIONAL Special Report*, pp. 12-16.

Freeman, R.P. [1982] "International cash management systems," *Centre for Business Research, in association with Manchester Business School*, University of Manchester.

Gertner, R.H., Scharfstein, D.S., and Stein, J.C. [1994] "Internal versus external capital markets," *The Quarterly Journal of Economics*, 109 (4), pp. 1211-1230.

Herring, R., and Carmassi, J. [2009] "The corporate structure of international financial conglomerates," *The Oxford handbook of banking*.

Holland, C.P., Lockett, G., Richard, J.M.et.al [1994] "The evolution of a global cash management system," *Sloan Management Review*, 36 (1), pp. 37-48.

Iturralde, T., Maseda, A., and San-Jose, L. [2005] "The cash management routines: evidence from Spanish Case," *Frontiers in Finance and Economics*, 6 (1), pp. 93-117.

McDonnell, M. [2001] "Netting the 'Net: Using the Internet creatively and Efficiently," *Journal of Financial Planning*, pp. 58-64.

Menyah, K. [2005] "International cash management in the 21st century: Theory and practice," *Managerial Finance*, 31 (10), pp. 3-17.

Obstfeld, M., and Taylor, A.M. [2003] Globalization and capital markets. In Globalization in historical perspective, University of Chicago Press.

Polak, P., and Klusacek, I. [2010] Centralization of treasury management 2010, Ukraine, Business Perspective, pp.121-188.

Ricci, C.W., and Morrison, G. [1996] "International working capital practices of the Fortune 200," *Financial Practice & Education*, 6 (2), pp.7-20.

Shapiro, A.C. [1978] "Payments netting in international cash management," *Journal of International Business Studies*, 9 (2), pp.51-58.

Srinivasan, V., and Kim, Y.H. [1986] "Payments netting in international cash management: a network optimization approach," *Journal of International Business Studies*, 17 (2), pp.1-20.

Turtle, H., Bector, C.R., and Gill, A. [1994] "Using fuzzy logic in corporate finance: An example of a multinational cash flow netting problem," *Managerial Finance*, 20 (8), pp.36-53.

Tsamenyi, M., and Skliarova, D. [2005] "International cash management practices in a Russian multinational," *Managerial Finance*, 31 (10), pp.48-64.

Von Von Eije, H., and Westerman, W. [2002] "Multinational cash management and conglomerate discounts in the euro zone," *International Business Review*, 11 (4), pp.453-464.

Westerman, W., and Von Eije, H. [2005] "Multinational Cash Management in Europe Towards Centralisation and Disintermediation: The Philips Case," *Managerial Finance*, 31 (10), pp.65-74.

Zucker, S. [2001] "Cash management in Central and Eastern Europe," *TREASURY MANAGEMENT INTERNATIONAL*, pp.15-19.

Cash Management System

Appendix 1. 1997 〜 2007 年の金融機関・行政・市場の動き············171
Appendix 2. CMS 入出金予定／実績表··172
Appendix 3. CMS 残高利息明細表···174
Appendix 4. CMS 貸借仕訳リスト（日次）·······································176
Appendix 5. CMS 貸借仕訳リスト（月次）·······································178
Appendix 6. CMS 利息仕訳リスト··178
Appendix 7. USD 対アジア通貨換算レート······································179
Appendix 8. インタビュー調査結果···180
Appendix 9. 先行研究調査··215

Appendix 1. 1997〜2007年の金融機関・行政・市場の動き

金融機関		金融行政		金融市場	
1997.7	三洋証券会社更生法申請（コール市場初デフォルト）	1997.7	銀行経営健全化を目指して金融検査マニュアル→貸し渋り・貸し剥がしの要因	1997.7	アジア通貨危機発生
1997.11	北海道拓殖銀行破綻（戦後初の都市銀行破綻）			1997.12	コール市場のジャパン・プレミアム、最高値0.687％を記録
1997.11	山一證券自主廃業				
1998.10	日本長期信用銀行国有化（債務超過2兆円超、投入公的資金約7兆9000億円）	1998.3〜2003.6	金融機能安定法に基づき大手銀行21行へ約1兆8000億円、早期健全化法に基づき8兆6000億円、預金保険法に基づき1兆9600億円、総額12兆4000億円の公的資金注入		
1998.12	日本債券信用銀行国有化（債務超過2700億円）	1998.3	金融持株会社設立可能（1997.6 独禁法改正）		
		1998.4	早期是正措置の導入（金融機関の破綻を早期に防ぎ、経営の健全化を確保する目的で、金融庁が自己資本比率基準を下回った金融機関へ業務改善命令、国際業務8％・国内業務4％以上）		
		1998.4	新改正外国為替法施行		
1999.9	不良債権額12兆3400億円・地方銀行（第二地銀含む）8兆700億円、合計20兆4100億円	1999.4	整理回収機構発足（預金保険機構子会社）		
		1999	旧商法改正で、株式交換・移転制度新設		
2000.9	みずほホールディングス発足	2000.1	連結主体の決算制度へ移行		
		2000.7	金融庁発足（金融機能の安定確保、預金者・保険契約者・証券投資者保護を目的）		
2002.2	三井住友FG発足				
2002.3	不良債権銀行合計で43兆2070億円				
2005.10	三菱UFJFG発足				
		2007.12	保険銀行窓口販売解禁		

Appendix 2. CMS入出金予定／実績表

入出金予定／実績表（口座ごと）

××××××御中
会社コード（0006）

2017年5月1日（月）から2017年5月31日（水）までのお取引明細は、以下のとおりであることをお知らせ致します。
口座：三菱UFJ銀行、大阪営業部、当座×××

日付	確定	予定金額		
【前月末】	＊	入金金額	出金金額	資金金額
2017／05／01（月）	＊	837,000,000	20,000,000	817,000,000
2017／05／02（火）	＊	2,094,000,000	5,000,000	2,089,000,000
2017／05／03（水）	＊	0	0	0
2017／05／04（木）	＊	0	0	0
2017／05／05（金）	＊	0	0	0
2017／05／06（土）	＊	0	0	0
2017／05／07（日）	＊	0	0	0
2017／05／08（月）	＊	40,000,000	226,000,000	－186,000,000
2017／05／09（火）	＊	300,000,000	0	300,000,000
2017／05／10（水）	＊	293,000,000	2,686,000,000	－2,393,000,000
2017／05／11（木）	＊	0	0	0
2017／05／12（金）	＊	0	0	0
2017／05／13（土）	＊	0	0	0
2017／05／14（日）	＊	0	0	0
2017／05／15（月）	＊	107,000,000	494,000,000	－387,000,000
2017／05／16（火）	＊	323,000,000	0	323,000,000
2017／05／17（水）	＊	0	0	0
2017／05／18（木）	＊	77,000,000	0	77,000,000
2017／05／19（金）	＊	60,000,000	79,000,000	－19,000,000
2017／05／20（土）	＊	0	0	0
2017／05／21（日）	＊	0	0	0
2017／05／22（月）	＊	0	0	0
2017／05／23（火）	＊	0	0	0
2017／05／24（水）	＊	10,000,000	536,000,000	－526,000,000
2017／05／25（木）	＊	311,000,000	386,000,000	－75,000,000
2017／05／26（金）	＊	0	0	0
2017／05／27（土）	＊	0	0	0
2017／05／28（日）	＊	0	0	0
2017／05／29（月）	＊	0	43,000,000	－43,000,000
2017／05／30（火）	＊	845,000,000	8,000,000	837,000,000
2017／05／31（水）	＊	2,357,000,000	774,000,000	1,583,000,000
合　計	＊	7,654,000,000	5,257,000,000	2,397,000,000

参加会社は月次ベースでの日々の入出金予定を把握し、予定金額欄に日次ベースで入出金予定額を入力する。インハウスバンクはこれを自動集計し、参加会社合計の資金金額を把握する。参加会社の入出金予定と実績は自動計算され、日次ベースで予定実績差異を把握できる。

作成日時：2017／06／01　10：03
×××
会社コード（0001）

(円)

実績金額			予定実績差異
入金金額	出金金額	資金金額	
829,684,678	0	829,684,678	−12,684,678
2,118,105,458	0	2,118,105,458	−29,105,458
0	0	0	0
0	0	0	0
0	0	0	0
0	0	0	0
0	0	0	0
0	150,524,120	−150,524,120	−35,475,880
305,126,745	0	305,126,745	−5,126,745
0	2,370,220,679	−2,370,220,679	−22,779,321
0	0	0	0
0	332,544	−332,544	332,544
0	0	0	0
0	0	0	0
0	375,949,752	−375,949,752	−11,050,248
318,891,048	0	318,891,048	4,108,952
4,497,840	0	4,497,840	−4,497,840
78,306,009	0	78,306,009	−1,306,009
0	20,419,830	−20,419,830	1,419,830
0	0	0	0
0	0	0	0
3,563,919	0	3,563,919	−3,563,919
1,188,749	0	1,188,749	−1,188,749
0	496,005,193	−496,005,193	−29,994,807
0	114,326,722	−114,326,722	39,326,722
6,502,730	0	6,502,730	−6,502,730
0	0	0	0
0	0	0	0
0	35,053,200	−35,053,200	−7,946,800
846,891,414	0	846,891,575	−9,891,414
1,535,096,575	0	1,535,096,575	47,903,425
6,047,855,165	3,562,832,040	2,485,023,125	−88,023,125

Appendix 3． CMS残高利息明細表

残高・利息明細表

××××××× 御中

会社コード（0006）

2017年5月1日（月）から2017年5月31日（水）までのお取引明細は、以下のとおりであることをお知らせ致します。
<u>貸付金額残高限度額：7,000,000,000</u>　　　借入金限度額超過　＊＞100％、▲＞95％、△＞90％

日付	確定	貸借残高移動額		預け金残高			＊
		入金金額	出金金額	増加額	減少額	残高	
【繰越】	＊	−	−	−	−	0	−
05／01(月)	＊	829,684,678	0	0	0	0	−
05／02(火)	＊	2,118,105,458	0	486,623,348	0	482,623,348	−
05／03(水)	＊	0	0	0	0	482,623,348	−
05／04(木)	＊	0	0	0	0	482,623,348	−
05／05(金)	＊	0	0	0	0	482,623,348	−
05／06(土)	＊	0	0	0	0	482,623,348	−
05／07(日)	＊	0	0	0	0	482,623,348	−
05／08(月)	＊	0	150,524,120	0	150,524,120	332,099,228	−
05／09(火)	＊	305,126,745	0	305,126,745	0	637,225,973	−
05／10(水)	＊	0	2,370,220,679	0	637,225,973	0	−
05／11(木)	＊	0	0	0	0	0	−
05／12(金)	＊	0	332,544	0	0	0	−
05／13(土)	＊	0	0	0	0	0	−
05／14(日)	＊	0	0	0	0	0	−
05／15(月)	＊	0	375,949,752	0	0	0	−
05／16(火)	＊	318,891,048	0	0	0	0	−
05／17(水)	＊	4,497,840	0	0	0	0	−
05／18(木)	＊	78,306,009	0	0	0	0	−
05／19(金)	＊	0	20,419,830	0	0	0	−
05／20(土)	＊	0	0	0	0	0	−
05／21(日)	＊	0	0	0	0	0	−
05／22(月)	＊	3,563,919	0	0	0	0	−
05／23(火)	＊	1,188,749	0	0	0	0	−
05／24(水)	＊	0	496,005,193	0	0	0	−
05／25(木)	＊	0	114,326,722	0	0	0	−
05／26(金)	＊	6,502,730	0	0	0	0	−
05／27(土)	＊	0	0	0	0	0	−
05／28(日)	＊	0	0	0	0	0	−
05／29(月)	＊	0	35,053,200	0	0	0	−
05／30(火)	＊	846,891,414	0	0	0	0	−
05／31(水)	＊	1,535,096,575	0	19,856,337	0	19,856,337	−
合計	＊	6,047,855,165	3,562,832,040	807,606,430	787,750,093	−	−
利息清算預け		5,319	−	5,319	−	19,861,656	−
利息清算借入		−	171,516	−	171,516	19,690,140	−
翌月繰越残		−	−	−	−	19,690,140	−
月中平均	＊	195,092,102	114,930,066	26,051,820	25,411,293	125,320,052	−

参加会社ごとにゼロバランス後の日次の純額の貸借残高移動額が自動計算され、前日の残高ポジションをもとに預け金残高ないしは借入金残高、日次の利息が自動計算される。預け金利および借入金金利（借入限度内・借入限度超）も右列に表示されている。

作成日時：2017／06／01　09：15
×××
会社コード（0001）

					(円)				(%)
借入金残高					利息		預け金利息	借入金利率	
減少額	増加額	残高	#	預け金利息	借入金利息			限度内	限度超
-	-	2,465,166,788		-	-	-	-	-	-
829,684,678	0	1,635,482,110		0	6,721	0.05000	0.15000	1.47500	
1,635,482,110	0	0		661	0	0.05000	0.15000	1.47500	
0	0	0		661	0	0.05000	0.15000	1.47500	
0	0	0		661	0	0.05000	0.15000	1.47500	
0	0	0		661	0	0.05000	0.15000	1.47500	
0	0	0		661	0	0.05000	0.15000	1.47500	
0	0	0		661	0	0.05000	0.15000	1.47500	
0	0	0		454	0	0.05000	0.15000	1.47500	
0	0	0		872	0	0.05000	0.15000	1.47500	
0	1,732,994,706	1,732,994,706		0	7,121	0.05000	0.15000	1.47500	
0	0	1,732,994,706		0	7,121	0.05000	0.15000	1.47500	
0	332,544	1,733,327,250		0	7,123	0.05000	0.15000	1.47500	
0	0	1,733,327,250		0	7,123	0.05000	0.15000	1.47500	
0	0	1,733,327,250		0	7,123	0.05000	0.15000	1.47500	
0	375,949,752	2,109,277,002		0	8,668	0.05000	0.15000	1.47500	
318,891,048	0	1,790,385,954		0	7,357	0.05000	0.15000	1.47500	
4,497,840	0	1,785,888,114		0	7,339	0.05000	0.15000	1.47500	
78,306,009	0	1,707,582,105		0	7,017	0.05000	0.15000	1.47500	
0	20,419,830	1,728,001,935		0	7,101	0.05000	0.15000	1.47500	
0	0	1,728,001,935		0	7,101	0.05000	0.15000	1.47500	
0	0	1,728,001,935		0	7,101	0.05000	0.15000	1.47500	
3,563,919	0	1,724,438,016		0	7,086	0.05000	0.15000	1.47500	
1,188,749	0	1,723,249,267		0	7,081	0.05000	0.15000	1.47500	
0	496,005,193	2,219,254,460		0	9,120	0.05000	0.15000	1.47500	
0	114,326,722	2,333,581,182		0	9,590	0.05000	0.15000	1.47500	
6,502,730	0	2,327,078,452		0	9,563	0.05000	0.15000	1.47500	
0	0	2,327,078,452		0	9,563	0.05000	0.15000	1.47500	
0	0	2,327,078,452		0	9,563	0.05000	0.15000	1.47500	
0	35,053,200	2,362,131,652		0	9,707	0.05000	0.15000	1.47500	
846,891,414	0	1,515,240,238		0	6,227	0.05000	0.15000	1.47500	
1,515,240,238	0	0		27	0	0.05000	0.15000	1.47500	
5,240,248,735	2,775,081,947	-	-	5,319	171,516	基準日数		基準日数	
0	-	0	-	-	-	365		365	
-	0	0	-	-	-				
-	-	0	-	-	-				
169,040,282	89,518,772	1,346,378,143	-	-	-				

#）借入残高限度額
　＝7,000,000,000

Appendix 175

Appendix 4．CMS貸借仕訳リスト（日次）

<u>貸借仕訳リスト（日次）</u>
2017年05月01日（月）～2017年05月31日（水）

<u>×××××××御中</u>
会社コード（0006）

2017年5月1日（月）から2017年5月31日（水）までのお取引明細は、以下のとおりであることをお知らせ致します。

日付	確定	番号	金額	借方	
				科目コード	科目名
相手先：×××（0001）					
2017／05／01（月）	＊		829,684,678	2	CMS短期借入金
2017／05／02（火）	＊		2,118,105,458	1	CMS短期貸付金
				2	CMS短期借入金
2017／05／08（月）	＊		150,524,120	5	三菱UFJ／当座／360577
2017／05／09（火）	＊		305,126,745	1	CMS短期貸付金
2017／05／10（水）	＊		2,370,220,679	5	三菱UFJ／当座／360577
2017／05／12（金）	＊		332,544	5	三菱UFJ／当座／360577
2017／05／15（月）	＊		375,949,752	5	三菱UFJ／当座／360577
2017／05／16（火）	＊		318,891,048	2	CMS短期借入金
2017／05／17（水）	＊		4,497,840	2	CMS短期借入金
2017／05／18（木）	＊		78,306,009	2	CMS短期借入金
2017／05／19（金）	＊		20,419,830	5	三菱UFJ／当座／360577
2017／05／22（月）	＊		3,563,919	2	CMS短期借入金
2017／05／23（火）	＊		1,188,749	2	CMS短期借入金
2017／05／24（水）	＊		496,005,193	5	三菱UFJ／当座／360577
2017／05／25（木）	＊		114,328,722	5	三菱UFJ／当座／360577
2017／05／26（金）	＊		6,502,730	2	CMS短期借入金
2017／05／29（月）	＊		35,053,200	5	三菱UFJ／当座／360577
2017／05／30（火）	＊		846,891,414	2	CMS短期借入金
2017／05／31（水）	＊		1,535,096,575	1	CMS短期貸付金
				2	CMS短期借入金
		（0001）	9,610,687,205		

参加会社のインハウスバンクとの貸借取引仕訳が、日々自動生成される。通常、日次仕訳は参考資料となる。

作成日時：2017／06／01　10：04
×××
会社コード（0001）

(円)

金額	貸方		金額
	科目コード	科目名	
829,684,678	5	三菱UFJ／当座／360577	829,684,678
482,623,348	5	三菱UFJ／当座／360577	2,118,105,458
1,635,482,110			
150,524,120	1	CMS短期貸付金	150,524,120
305,126,745	5	三菱UFJ／当座／360577	305,126,745
2,370,220,679	1	CMS短期貸付金	637,225,973
	2	CMS短期借入金	1,732,994,706
332,544	2	CMS短期借入金	332,544
375,949,752	2	CMS短期借入金	375,949,752
318,891,048	5	三菱UFJ／当座／360577	318,891,048
4,497,840	5	三菱UFJ／当座／360577	4,497,840
78,306,009	5	三菱UFJ／当座／360577	78,306,009
20,419,830	2	CMS短期借入金	20,419,830
3,563,919	5	三菱UFJ／当座／360577	3,563,919
1,188,749	5	三菱UFJ／当座／360577	1,188,749
496,005,193	2	CMS短期借入金	498,005,193
114,326,722	2	CMS短期借入金	114,326,722
6,502,730	5	三菱UFJ／当座／360577	6,502,730
35,053,200	2	CMS短期借入金	35,053,200
846,891,414	5	三菱UFJ／当座／360577	846,981,414
19,856,337	5	三菱UFJ／当座／360577	1,535,096,575
1,515,240,238			
9,610,687,205			9,610,687,205

Appendix 5. CMS貸借仕訳リスト（月次）

×××××××× 御中
会社コード：(0006)

作成日時：2017/06/01 10:04
×××
会社コード：(0001)

貸借仕訳リスト（月次）
2017年05月01日（月）～2017年05月31日（水）

2017年5月1日（月）から2017年5月31日（水）までのお取引明細欄は、以下のとおりであることをお知らせ致します。

(円)

日付	確定	番号	金額	借方			貸方		
				科目コード	科目名	金額	科目コード	科目名	金額
2017/05/31(水)	*		9,610,687,205	5	三菱UFJ／当座／360577	3,562,832,040	5	三菱UFJ／当座／360577	6,047,855,165
				1	CMS短期貸付金	807,605,430	1	CMS短期貸付金	787,750,093
				2	CMS短期借入金	5,240,248,735	2	CMS短期借入金	2,775,081,947
	(0001)		9,610,687,205			9,610,687,205			9,610,687,205

相手先：×××(0001)

Appendix 6. CMS利息仕訳リスト

×××××××× 御中
会社コード：(0006)

作成日時：2017/06/01 10:04
×××
会社コード：(0001)

利息仕訳リスト
2017年05月01日（月）～2017年05月31日（水）

2017年5月1日（月）から2017年5月31日（水）までのお取引明細欄は、以下のとおりであることをお知らせ致します。

(円)

日付	確定	番号	金額	借方			貸方		
				科目コード	科目名	金額	科目コード	科目名	金額
2017/05/31(水)	*		171,516	4	CMS支払利息	171,516	1	CMS短期貸付金	171,516
			5,319	1	CMS短期貸付金	5,319	3	CMS受取利息	5,319
	(0001)		176,835			176,835			176,835

相手先：×××(0001)

毎月月末日に月次仕訳が自動生成される。参加会社は、月次貸借仕訳および利息仕訳を当該会社の会計システムに取り込む。

Appendix 7. USD対アジア通貨換算レート

2007年6月～2017年5月（月末日終値3ヵ月平均）、USD対アジア通貨換算レート							
	タイ・バーツ		マレーシア・リンギ		インドネシア・ルピア		日本・円	
	月末日終値	3ヵ月平均	月末日終値	3ヵ月平均	月末日終値	3ヵ月平均	月末日終値	3ヵ月平均
2007. 8	32.535	31.395	3.5015	3.4695	9,390	9,217	115.77	119.12
2007.11	30.700	31.425	3.3645	3.3690	9,370	9,204	111.19	113.77
2008. 2	31.075	30.808	3.1945	3.2457	9,065	9,234	103.87	107.20
2008. 5	32.489	31.871	3.2400	3.1992	9,315	9,251	105.52	103.10
2008. 8	34.225	33.725	3.3935	3.3057	9,150	9,155	108.81	107.58
2008.11	35.470	34.792	3.6235	3.5390	12,025	10,780	95.50	100.00
2009. 2	36.175	35.308	3.7075	3.5892	11,980	11,420	97.55	92.72
2009. 5	34.310	35.028	3.4875	3.5643	10,290	10,810	95.32	97.58
2009. 8	34.020	34.035	3.5215	3.5197	10,080	10,071	93.03	94.68
2009.11	33.240	33.378	3.3948	3.4228	9,455	9,550	86.36	88.74
2010. 2	33.055	33.197	3.4028	3.4138	9,337	9,371	88.87	90.70
2010. 5	32.520	32.405	3.2615	3.2362	9,175	9,092	91.25	92.85
2010. 8	31.270	31.975	3.1500	3.1926	9,035	9,012	84.17	86.35
2010.11	30.185	30.158	3.1675	3.1218	9,034	8,965	83.69	82.52
2011. 2	30.595	30.522	3.0505	3.0652	8,821	8,960	81.78	81.68
2011. 5	30.315	30.145	3.0105	2.9998	8,535	8,602	81.54	81.98
2011. 8	29.950	30.145	2.9830	**2.9893**	8,533	**8,536**	76.61	77.96
2011.11	30.895	30.935	3.1785	3.1450	9,110	8,917	77.50	**77.59**
2012. 2	30.455	31.002	2.9955	3.0690	9,020	9,026	81.22	78.14
2012. 5	31.865	31.153	3.0247	3.0373	9,190	9,175	78.36	80.32
2012. 8	31.340	31.475	3.1245	3.1398	9,535	9,457	78.39	78.78
2012.11	30.715	30.748	3.0398	3.0474	9,593	9,589	82.48	80.06
2013. 2	29.785	30.068	3.0921	3.0857	9,663	9,666	92.56	90.34
2013. 5	30.420	**29.662**	3.0990	3.0783	9,795	9,745	100.48	97.37
2013. 8	32.140	31.545	3.2865	3.2308	10,920	10,374	98.17	98.40
2013.11	32.055	31.487	3.2245	3.2130	11,962	11,605	102.44	99.68
2014. 2	32.525	32.750	3.2775	3.3008	11,609	11,996	101.81	103.05
2014. 5	32.830	32.537	3.2160	3.2477	11,675	11,532	101.78	102.42
2014. 8	31.940	32.188	3.1515	3.1865	11,690	11,707	104.08	102.74
2014.11	32.860	32.630	3.3825	3.3177	12,204	12,158	118.64	113.54
2015. 2	32.360	32.667	3.6110	3.5793	12,925	12,659	119.54	118.89
2015. 5	33.700	33.087	3.6655	3.6438	13,224	13,087	124.14	121.21
2015. 8	35.830	34.877	4.1950	3.9298	14,050	13,636	121.22	**122.55**
2015.11	35.800	**35.923**	4.2595	4.3177	13,835	**14,057**	123.10	121.19
2016. 2	35.635	35.795	4.2050	4.2178	13,372	13,645	112.69	118.02
2016. 5	35.770	35.260	4.1265	3.9790	13,660	13,368	110.71	109.88
2016. 8	34.630	34.840	4.0505	4.0495	13,267	13,192	103.42	102.92
2016.11	35.710	35.110	4.4660	4.2655	13,552	13,217	114.47	106.88
2017. 2	34.940	35.293	4.4400	**4.4518**	13,336	13,387	112.78	114.16
2017. 5	34.040	34.327	4.2810	4.3492	13,322	13,325	110.78	111.24
期間平均		32.642		3.4531		10,744		99.20

（出所） https://jp.investing.com/currencies/usd-thb
（注） 上表は、USDに対する各通貨の換算レートを2007年6月から10年間（120ヵ月）分調査し、大きな変動を緩和するため、3ヵ月ごとの終値の平均値を算出している。期間平均は10年間（120ヵ月）平均の換算レートである。ゴシック・網かけは、最高値。白抜き数値は最安値。

Appendix 8．インタビュー調査結果

（注1）　各社の決算データは、インタビュー調査時点での連結決算データである。なお、インタビュー調査の前提であった各社名を特定しないようにするため、各社の決算期は記載していない。
（注2）　インタビュー調査結果は各社財務責任者へフィードバックし、著者が誤解している箇所の修正を実施したが、すべてを網羅できていない可能性がある。

第1節　エネルギーA社の事例
　インタビュー実施日：2016年7月6日
　調査対象者：財務部課長

(1)　連結PL・連結BS・連結対象
　売上高1兆3200億円、経常利益1300億円、総資産1兆8300億円、純資産9400億円、連結子会社149社、持分法適用会社16社、東証1部上場会社、国内CMSとGCMSの両方を運用、調査票回答あり、インタビュー調査あり
(2)　国内CMSの体制
　導入年月は1999年4月で、参加会社数は60社で運用している。国内CMS導入当初は貸金業法の課題をクリアするために、販売金融を行う金融子会社がインハウスバンクの役割を担っていたが（後出の機械製造E社と同様）、親会社が社債発行で資金調達できること、長期CMSは親会社が実施しやすいことから、インハウスバンクの役割は金融子会社から親会社財務部へ変更している。A社の提携銀行は、MUFG1行である。国内CMSのアプリケーションはMUFG（旧三和銀行）と開発し、これを使用している。
(3)　キャッシュ・プーリング、長期CMS
　インハウスバンクと参加会社はMUFGの同一営業部にCMS口座（当座預

金）を設定し、キャッシュ・プーリングを運用している。キャッシュ・プーリングは3カ月TIBORを基準金利とし、インハウスバンクが参加会社から基準金利で借入れ、基準金利＋0.1％で貸し付けている。インハウスバンクのスプレッドは、0.1％である。インハウスバンクの参加会社からの借入規模は1020億円、キャッシュ・プーリングでの貸付160億円・長期CMSでの貸付1880億円・合計2040億円の貸付規模となっている。インハウスバンクの貸付規模と借入規模の差額1020億円は、社債・金融機関からの資金調達となっている。

基準金利がマイナスとなった場合は、ゼロ金利と読み替える対応を参加会社へ周知している。インハウスバンクは、参加会社がCMSで借り入れる資金を金利スワップで固定化することを認めていない。これは長期CMSを運用していること、金利スワップを自由に子会社に運用させることによって、財務上の問題が生じる可能性を排除することが理由である。

⑷　ネッティング、CMS支払代行

ネッティングは、インハウスバンクを含む参加会社の支払いと受取りをCMS口座とする運用統制（第三法）を行っている[1]。国内CMSの運用を開始して17年経過していること[2]、国内ネッティングでは一般的な手法である貸借勘定付替えによるネッティング（第二法）ではないことから、財務責任者はネッティングを運用しているという認識がなかった。しかし、参加会社では特段の違和感なく、結果としてネッティングの運用がなされている。CMS支払代行は導入していない。ただし、親会社の取引先への支払請求・売掛金消込、社員の立替払いや旅費精算等の一部は、中国（上海）の関連会社でBPOを実施している。

⑸　国内CMSの課題

財務責任者は、CMS支払代行を活用し、グループ資金のガバナンス強化・資金効率化・銀行支払手数料の削減を実現したいと考えている。CMS

---

[1] 第5章第4節参照。
[2] インタビュー調査時点の経過年数。

入出金予想と実績の乖離対応について、インハウスバンクで毎日参加会社ごとに前日の入出金予想と実績を確認し、この乖離額が1億円を超える場合、その乖離理由をヒアリングしてインハウスバンク内で情報共有しており、そのうえで四半期ごとに関係会社総務部長会議で入出金予想と実績乖離額が1億円を超えた回数と理由をフォローして注意喚起している。

(6) GCMS全般

A社は2014年4月にBMG（蘭系INGBank子会社）と提携し、地域統括会社を置かずに、ノーショナル・プーリングを7社で運用開始している。取扱通貨は、USD・豪ドル・カナダドル・シンガポールドル・ユーロ・ポンド・日本円（7通貨）と多岐にわたる。海外子会社の会計システムは統一されておらず[3]、GCMSは会計システムとは連動していない。一方で、MUFGのサービスを使って資金可視化に取り組んでおり、海外子会社の通貨および資金量を把握している。海外子会社同士の取引が少なく、クロスボーダーでのネッティング取引は実施していない。

(7) GCMSの課題

財務責任者は、外貨建て長期親子ローン[4]のスキームを構築することが、GCMSの課題のひとつと述べていた。現在、親会社と海外子会社との資金移動の規模が大きいものの、頻度が少ない状況である。今後、海外の地域統括会社がアクチュアル・プーリングを実施して資金集中し、その上位階層（海外の地域統括会社と日本本社）に多通貨のノーショナル・プーリングを運用すれば、地域統括会社から日本本社へ資金集中できるため、これを検討課題としている。

第2節　陸運B社の事例

インタビュー実施日：2016年8月2日

3　国内では、グループ会社共通会計システムを運用している。
4　日本の親会社から海外子会社への貸付。

調査対象者：総合企画本部経営計画課長、財務部資金計画担当課長、担当者2名

(1) 連結PL・連結BS・連結対象

売上高1兆4500億円、経常利益1600億円、総資産2兆8400億円、純資産9300億円、連結子会社62社、持分法適用会社5社、東証1部上場会社、国内CMSのみ運用、調査票回答あり、インタビュー調査あり

(2) 国内CMSの体制

導入年月は2002年10月で、参加会社数は66社で運用している。親会社財務部が、インハウスバンクの役割を担っている。国内CMSは、SMBCのアプリケーションを使用している。

(3) キャッシュ・プーリング、長期CMS

提携銀行は、SMBC・MUFG・みずほ銀行・りそな銀行4行である。参加会社は4行から1行を選択してCMS口座を設定し、インハウスバンクは4行のCMS統括口座を設定している。インハウスバンクは、SMBC以外の3行を提携銀行とした参加会社CMS口座の入出金データをSMBCへ連携して集約し、SMBCのアプリケーションで貸借残高と利息計算等を実施している。陸運B社のように、SMBCが他銀行間で参加会社取引をデータ連携できるようになった事実を今回の調査で発見できた。陸運B社と同様に、銀行が他銀行間で参加会社取引をデータ連携しているのは、後述する非鉄金属F社・機械製造G社・陸運H社・繊維J社・エネルギーL社の5社でみられた。このデータ連携によって、CMS運営企業は銀行1行としか提携できなかった制約が取り払われ、自由な銀行選択が可能となったと考えられる[5]。

キャッシュ・プーリングは、3カ月TIBOR（2016年7月現在0.06％）を基

---

[5] 一方で、第5章第4節で述べたネッティング第三法（CMS口座統制）は、データ連携のタイミングが約1日遅れることから、第三法の選択はできなくなる。その結果、ネッティングを導入する場合は第二法（貸借勘定付替え）が採用されることになる。また、インハウスバンクがそのCMS統括口座（複数）の資金調整（配分）を行わざるをえず、非効率な資金管理となる問題が生じる。

準金利とし、インハウスバンクが参加会社から基準金利＋0.2％で借入れ、基準金利＋0.3％で貸し付けている。したがって、インハウスバンクのスプレッドは0.1％となる。インハウスバンクの参加会社からの借入規模は1690億円、キャッシュ・プーリングでの貸付100億円・長期CMSでの貸付800億円・合計900億円の規模となっている。差額790億円は親会社の運転資金として有利子負債の圧縮・長期CMSの貸付金原資等に活用されている。基準金利は3カ月TIBORであるが、下限金利を0.1％と設定しており、仮にTIBORがマイナスになっても問題がないよう運用を行っている。

　長期CMSでは、インハウスバンクが貸し付ける原資を短期CMSの借入金としており、最長5年・固定金利での貸付を行っている。貸付金利は貸付実行前5営業日のLIBOR＋0.2％とし、金利変動リスクは親会社が負担している[6]。5年を超える貸付の場合には、5年後に再度新規契約として扱う運用を行っている。また、インハウスバンクは、参加会社がCMSで借り入れる資金を金利スワップで固定化することを認めていない。

(4)　ネッティング、CMS支払代行

　ネッティングは、貸借勘定付替方式（第二法）をとっている。参加会社は提携銀行のいずれか1行のEBですべての支払データを作成し、SMBCのCMS支払代行ソフトにアップロードする。その結果、参加会社と参加会社外が自動的に判別され、参加会社分はネッティング処理される。次に、参加会社外のデータをダウンロードし、当該提携銀行へ支払データを送信することによって、参加会社外への支払いを実施する。ただし、参加会社として登録されていないグループ会社の口座の場合には、参加会社外として扱われるため、ネッティングは実行されない。また、CMS支払代行は運用されていない。

---

[6]　第4章で述べたように、長期設備投資資金を短期変動金利で調達した場合、インハウスバンクは金利変動リスクを抱えることになり、投資計画の収支を狂わせてしまう可能性がある。

⑸　国内CMSの課題

参加会社は借入限度内において何ら制約なく、キャッシュ・プーリングで資金調達できることから、財務責任者は参加会社の資金繰りに対する意識が希薄であること、資金計画の精度が低いことが課題となっていると述べた。この点は、インタビュー調査した多くの会社の財務責任者の共通課題であった。陸運B社の特徴は、参加会社の借入金限度額に加えて、貸付金限度額（預り金限度額）を設定して、運用していたことである。これは、ノンハウスバンクに計画外で過度に資金集中させないようにするためとのことであった[7]。

⑹　GCMS全般

国内事業が中心のグループ企業であるため、GCMSは運用されていない。

⑺　GCMSの課題

⑹の理由から課題はない。

第3節　繊維C社の事例

調査票回収日：2016年7月27日

調査票回答者：経営監査部担当者

⑴　連結PL・連結BS・連結対象

売上高7900億円、経常利益600億円、総資産8300億円、純資産3100億円、連結子会社69社、持分法適用会社77社、東証1部上場会社、国内CMSとGCMSの両方を運用、調査票回答あり、インタビュー調査協力不可

⑵　国内CMSの体制

導入年月は1999年12月で、参加会社数は26社で運用している。インハウスバンクの役割は、親会社が担っている。国内CMSのシステムは、MUFGの

---

[7] インハウスバンクに計画外で過度に資金集中することにより、インハウスバンクの余資運用額が確定せず、余資運用が難しくなると考えられる。

Appendix　185

アプリケーションを使用している。

(3) キャッシュ・プーリング、長期CMS

キャッシュ・プーリングの基準金利は、インハウスバンクが発行するCP（コマーシャル・ペーパー）の金利に設定している。インハウスバンクのスプレッドは、0.4％である。インハウスバンクの参加会社からの借入は150億円、貸付金は600億円である[8]。インハウスバンクの参加会社からの借入金利・貸付金利とも非回答であり、インタビュー調査を不可とされたため、詳細は不明である。また、長期CMSに関する規模・金利等の情報、マイナス金利対応、参加会社金利スワップ対応などの詳細も非回答であるため、不明である。

(4) ネッティング、CMS支払代行

ネッティング・CMS支払代行は、運用していない。

(5) 国内CMSの課題

調査票で非回答であり、インタビュー調査を不可とされたため、不明である。

(6) GCMS全般

導入年月は不明であるが、参加会社は30社である。欧州ではアムステルダム（ユーロ）、北米ではNY（USD）、中国では上海（人民元）に地域統括会社をおいてMUFGと提携し、アクチュアル・プーリング[9]を実施している。資金の可視化とクロスボーダーでのネッティングは、検討中である。地域売上構成は、日本60％・中国15％・アジア10％・欧州8％・米州7％、有形固定資産構成は日本61％・欧州18％・アジア10％・中国9％・米州2％となっている。

(7) GCMSの課題

調査票で非回答であり、インタビュー調査を不可とされたため、不明であ

---

8 繊維C社のインハウスバンクは、参加会社からの借入額が貸付額よりも450億円少ないため、インハウスバンク（親会社）が外部から資金調達していると推測される。

9 第7章第3節参照。

る。

第4節　陸運D社の事例

インタビュー実施日：2016年8月4日

調査対象者：経理部課長

(1)　連結PL・連結BS・連結対象

売上高1兆2200億円、経常利益600億円、総資産1兆9300億円、純資産3500億円、連結子会社57社、持分法適用会社7社、連結納税採用、東証1部上場会社、国内CMSのみ運用、調査票回答あり、インタビュー調査あり

(2)　国内CMSの体制

導入年月は2002年2月で、参加会社数は55社で運用している。国内CMS導入目的の1つが、親会社の有利子負債の圧縮であった。国内CMS導入当初は、貸金業法の課題をクリアするために、親会社が定款の事業目的に貸金業を追加して貸金業法に基づく登録を行っていた。その後、特定子会社への貸付は貸金業法の対象外となるとの見解が大勢を占めてきたため、2007年に貸金業登録を廃止し、親会社がインハウスバンクの役割を担っている[10]。2015年4月に純粋持株会社制度を導入し、2016年3月期から連結納税制度を採用している。現在は、純粋持株会社がインハウスバンクの役割を担っている。国内CMSはMUFG1行とのみ提携し、MUFGのアプリケーションを使用している。

(3)　キャッシュ・プーリング、長期CMS

インハウスバンク（純粋持株会社）と主たる事業を担当する陸運会社を含む参加会社は、MUFG本支店にCMS口座を設定して、毎日キャッシュ・プーリングを実施している。エネルギーA社がMUFG同一営業部にすべて

10　貸金業法の課題は、第3章第4節を参照。

のCMS口座を設定しているのとは異なり、陸運D社では本支店いずれでもCMS口座が設定可能としている。インハウスバンクの銀行借入額が大きい。基準金利はインハウスバンクの取引銀行平均借入金利としており、3カ月TIBOR＋0.35％（2016年8月現時点では0.06％＋0.35％＝0.41％）となっている。この0.35％はほぼ固定されており、インハウスバンクと既存銀行との取引が重視されている。陸運D社の銀行の新規参入は、ほとんどない。インハウスバンクは、参加会社から基準金利－0.1％で借入れ、参加会社へ基準金利＋0.1％で貸し付けている。したがって、インハウスバンクのスプレッドは0.2％となる。

インハウスバンクの参加会社からの借入金は880億円、参加会社への貸付金は30億円である。貸借差額の850億円は、インハウスバンクの有利子負債圧縮と参加会社への長期CMSの原資に活用されている。長期CMSでは、インハウスバンクの貸付原資を社債・シンジケートローンで調達して、インハウスバンクが0.1％のスプレッドを上乗せして子会社へ貸し付けている。貸付金利は固定、期間は一般的には10年未満である。民間金融機関から調達する場合は長期プライムレート（2016年8月現在1.0％）が多いが、シンジケートローンのアレンジャーが金利スワップで金利固定化することもある。インハウスバンクが、CMS資金の金利スワップによる固定化は行っていない。一方で、参加会社の金利スワップは明確に禁止しているわけではなく、ニーズがなかったため、その是非の議論を行っていない。また、CMS基準金利は3カ月TIBOR＋0.35％（0.41％）であり、マイナス金利に達するまで余裕があるので、現在は参加会社とのマイナス金利対応の取決めは行っていない。

(4) ネッティング、CMS支払代行

陸運D社の特徴はCMS支払代行にあり、SAPのグループ経理システムを導入している25社で運用している。これはMUFGと共同開発したTSW（Treasury Station Web）と呼ばれている。これは、エネルギーA社がMUFGの国内CMSを共同開発したケースと同様で、MUFGのシステム開発方針と

考えられる。陸運D社がCMS支払代行に注力したのは、子会社での不正経理事件が契機となっており、コーポレート・ガバナンスを重視したからである。

　TSW参加会社（25社）は、グループ会社経理システム（SAP）に仕訳と決済日を入力し、インハウスバンクが仕入先銀行マスターを管理し、この仕訳・決済日からEBデータを自動生成させて、陸運D社経理部経理センターが参加会社のCMS口座から仕入先へ支払う。その結果、参加会社は自らの取引先へ直接支払いを行わないため、不正防止の内部牽制が機能することになる。

　また一方で、陸運D社はCMS回収代行を運用している。入金は参加会社の仮想口座を活用しており、得意先がこの口座に振込みをすれば、参加会社の売掛金を消し込むアプリケーションを使って、陸運D社の普通口座で入金を受け入れて管理できる仕組みとなっている。次に、TSWに連携してCMSの貸借仕訳がなされ、グループ経理システム（SAP）にデータが取り込まれる。陸運D社の普通口座で入金された資金は、MUFGの資金移動サービスを使って、インハウスバンクCMS口座へ資金移動させる。なお、得意先が振込手数料を控除して振込みした（入金額が請求額を一定範囲内で下回る）場合には、振込手数料と認識して自動仕訳が生成される。

　陸運D社は、ネッティングを運用していない。しかし、エネルギーA社と同様のCMS口座統制によるネッティング（第三法）を運用可能である。なぜなら、陸運D社は提携銀行が１行であるので、新たなシステムを制作せず、すぐにでもネッティングが運用できる状況にある[11]。

(5)　国内CMSの課題

　日次レベルでの参加会社の資金計画の適切な把握が、課題となっている。

---

[11] 著者は、インタビュー調査時に陸運D社の財務責任者へ、ネッティング第三法の存在を説明した。ただし、陸運D社の場合、参加会社のCMS口座がMUFGの本支店に設定されているため、本支店間での振込手数料が発生する。したがって、ネッティングによる資金削減効果は得られるが、エネルギーA社と比較して、経済的効果が小さくなる。

インハウスバンクの参加会社からの借入金について、残高が変動しない固定となっている金額の適用金利と残高が変動するCMS適用金利を区別するなど、資金の性格に応じた金利設定が必要ではないかという社内意見があり、その運用方法を検討することが課題となっている。

(6) GCMS全般

米国でのホテル事業や台湾での海外事業はあるが、GCMSは導入していない。海外での会計システムの統一はなされていない。海外子会社の資金移動を伴う取引頻度が少ないため、資金ポジションや資金量を把握する資金の可視化は導入していない。

(7) GCMSの課題

(6)の理由から課題はない。

第5節　機械製造E社の事例

インタビュー実施日：2016年8月8日
調査対象者：財務部長、財務グループ課長、インハウスバンク社長

(1) 連結PL・連結BS・連結対象

売上高7000億円、経常利益200億円、総資産6800億円、純資産2100億円、連結子会社75社、持分法適用会社10社、非上場会社、国内CMSとGCMSの両方を運用、調査票回答あり、インタビュー調査あり

(2) 国内CMSの体制

導入年月は1999年12月で、参加会社数は29社で運用している。国内CMS導入当初から、販売金融事業を行う金融子会社（貸金業登録済み）がインハウスバンクの役割を担っている。機械製造E社の特徴は、自社独自開発のアプリケーションを使用している点にある。

(3) キャッシュ・プーリング、長期CMS

基準金利は非公開であるが、1カ月物TIBORを毎月確認しており、0.1%

以内の変動であれば基準金利は変更しない運用を実施している。インハウスバンクのスプレッドは、0.5％である。インハウスバンクの参加会社からの借入金は390億円で、貸付金は460億円の規模である。貸借差額の70億円は、インハウスバンクが民間金融機関から資金調達をしている。参加会社からインハウスバンクへの資金集中は毎日行っており、参加会社（29社）の取引銀行口座数は多く、その銀行数は40〜50行が対象となっている。これは、国内支店が本社の遠隔地に多いことが理由となっている。参加会社のCMS口座に特定残高を上回る残高がある場合にのみ、特定残高を残してその余剰分を資金集中するターゲット・バランス[12]を運用している。インハウスバンクは、NTTデータのVALUXサービスを利用したEB契約を各銀行と締結し、りそな銀行が提供しているソフトを利用して、インハウスバンクのCMS担当者が毎日13時に参加会社の余剰資金を集中する仕組みとなっている。この資金集中処理によって、インハウスバンクと参加会社との貸借仕訳が自動生成される。インハウスバンクから参加会社への資金配布は、支払代行の機能を使用している。メガバンクが提供するCMSのアプリケーションと異なり自社独自開発である点、参加会社の余剰資金をインハウスバンクへ集中することを重視している点が、機械製造Ｅ社の特徴である。

　長期CMSは、純粋持株会社が担当している。機械製造Ｅ社は民間金融機関から長期固定金利で資金調達して、スプレッド0.45％を上乗せして参加会社へ貸し付けている。期間は最長７年、一般的には５年が多い。純粋持株会社が変動金利で調達し、金利スワップで固定する場合もある。現在スプレッドに余裕があるため、参加会社との間でマイナス金利対応の取決めはしていない。また、参加会社の金利スワップは認めていない。

(4) ネッティング、CMS支払代行

　ネッティング、CMS支払代行を運用している。CMS支払代行はインハウスバンクが運営しており、CMS参加会社（29社）のグループ内外の支払を

---

[12] 国内に多数の拠点があり、提携金融機関も多数あり、小口現金が必要なため、ターゲット・バランスを採用している。ターゲット・バランスは、第３章第１節を参照。

行っている。国内グループ会社は、ORACLEの経理共通システムを使用しており、仕入先の銀行口座情報をマスター管理している。参加会社はEBを使用せず、会計仕訳を入力すれば、月末締切りの翌月20日支払で、銀行マスターから支払データを自動生成して、仕入先へ支払う仕組みとなっている。なお、支払実行日の4営業日前に支払データを締め切り、インハウスバンクが参加会社にかわって、その都度支払いを行う機能もある。グループ内の支払いは、会計仕訳からインハウスバンクへ貸借勘定を付け替えて相殺するネッティング（第二法）を運用している。機械製造E社のCMSは独自性が強く、同社の要望に対応できる銀行のみと提携をしている。BMP（ビジネス・モデル特許）の取得も検討したが、実施しなかった。

(5)　国内CMSの課題

　参加会社の担当者が資金繰りの必要がないため、資金繰りができない会社がある。CMSで参加会社の資金管理を行っていること、市中金融機関との取引がほとんどなく、また情報収集機会がないことから、参加会社では金利感覚が希薄になってしまっている。事業の性格上、受取手形が多く、連結決算上の受取手形残高が減らない。手形を割引いて資金化する場合には参加会社の経費が高くなるため、受取手形は決済日まで保有することになっている。

(6)　GCMS全般

　2000年に検討を開始し、2002年にユーロが流通した時に、海外14社でGCMSの運用を開始した。米国子会社を対象にアトランタに地域統括会社を設立し、みずほ銀行と提携し、USDでアクチュアル・プーリングを運用している。欧州では、アムステルダムに地域統括会社を設立し、MUFGと提携してユーロでアクチュアル・プーリングを運用している。

　海外子会社では会計システムが統一されておらず、米国内と欧州内ではそれぞれ手処理で、マルチラテラルの債権債務相殺を行っている。2015年10月からアジアではシンガポールに地域統括会社を置いているが、多数の通貨があるためアクチュアル・プーリングを運用できていない。シンガポール地域

統括会社は関係会社1社から、借入れで資金集中している。シンガポールの地域統括会社は、タイ・バーツ、インドネシア・ルピア、円、USDで関係会社へ貸付を行っている。アジアでは特定の提携銀行はなく、シンガポールの地域統括会社が外国為替リスクをとっており、海外子会社に外国為替リスクはとらせていない。

(7) GCMSの課題

日本本社でキリバのシステムを導入して、海外子会社の資金の可視化を進めている。しかし、海外では異なる会計システムを使用しているため、国内のような効率的なCMSは実現できておらず、各種課題が残っている。現在は、日本国内、米国、欧州、アジアでGCMSを運用しているが、海外地域統括会社で集中した資金を日本本社へ集中する仕組みができていない。今後、海外地域統括会社と日本本社の資金をどのように有効活用するのかが、課題となっている。

第6節　非鉄金属F社の事例

インタビュー実施日：2016年8月23日
調査対象者：財務部資金グループ長、財務部担当者

(1) 連結PL・連結BS・連結対象

売上高2兆9300億円、経常利益1700億円、総資産2兆7400億円、純資産1兆5600億円、連結子会社353社[13]、持分法適用会社36社、東証1部上場会社、国内CMSとGCMSの両方を運用、調査票回答あり、インタビュー調査あり

(2) 国内CMSの体制

導入年月は2001年4月で、参加会社数は53社で運用している。日本国内の

13　連結子会社のうち、300社は海外子会社である。

連結子会社は、ほぼ参加している。親会社がインハウスバンクとなっているが、連結子会社のうち株式上場会社があり、この株式上場会社の傘下子会社でも国内CMSを導入している。しかし、インハウスバンクはこの株式上場会社の傘下子会社の資金管理や統制を実施していない[14]。国内CMSの提携銀行はSMBC 1 行で、SMBCのアプリケーションを使用している。

(3) キャッシュ・プーリング、長期CMS

基準金利はTIBORベースであるが、インハウスバンクの借入金利・貸付金利・スプレッドともに非開示であった。インハウスバンクの参加会社からの借入金は250億円、参加会社への貸付金は1400億円の規模であった。貸借差額の1150億円は、インハウスバンクがシンジケート・ローンで借入れをしており、現在社債残高はない[15]。長期CMSは、固定金利で最長 5 ～ 6 年のものが多い。投資意思決定の際に貸付をせずに資本を増強する場合もあり、総合的に判断している。子会社の長期借入れは、親会社の意思決定が必要であり、参加会社がCMS借入れを金利スワップで固定金利化することは認めていない。マイナス金利対応は、現在検討中である。

(4) ネッティング、CMS支払代行

ネッティング、CMS支払代行を運用している。国内会社の会計システムは、ERPではない自社独自のシステムで、ほぼ統一されている。参加会社53社のうち、20社程度がネッティングとCMS支払代行に参加しており、ネッティングはインハウスバンクへの貸借勘定付替えによる第二法である。入金受取会社は、アプリケーション上で売掛金の入金を確認することになっており、入金時にメールで知らせる機能はない。CMS支払代行は参加会社が支払データと会計仕訳を入力し、SMBCのCMS支払代行システムで運用している。グループ会社のうち、参加会社との取引件数が多い会社や、インハウ

---

14 親子上場会社のキャッシュ・プーリングでは、それぞれの株主の利益相反問題が存在する。詳細は、第 3 章第 5 節、東芝と東芝プラント、パナソニックとパナホームの事例を参照。
15 2016年 3 月期の連結の社債残高は356億円であり、個別は社債残高がないことを確認ずみ。

スバンクがCMS支払代行を運用することにより相互牽制が働くことを重視する参加会社などが、CMS支払代行に参加している。

(5) 国内CMSの運用課題

参加会社の入出金予測精度が低いので、その精度向上が課題である。一定期間ごとに参加会社が申請して、資金繰りの精度が高い会社には優遇された借入金利を適用する仕組みを用意している。一方で資金繰りの精度が低い会社には、通常金利を適用する。しかし、実態は優遇金利を適用している事例が多い。

(6) GCMS全般

導入時期は不明であるが、海外連結子会社300社中250社には、地域別に会計・財務を統括する財務センターを置いている。この財務センターは、北米・欧州・中国（香港・上海）・シンガポール・ベトナム・フィリピン・インドネシアにあり、資金調達や運用を統制管理している。対応通貨は、USD・ユーロ・人民元・シンガポールドルである。北米・欧州地域では、アクチュアル・プーリングを運用している。ノーショナル・プーリングは、連結会計上貸借を連結消去できないと認識しており、リスクがあるので取り組んでいない[16]。海外子会社のガバナンスの観点から、余剰資金を保有させないようにして、インハウスバンクに資金を集中し、インハウスバンクから戦略的に海外子会社へ資金を配布している。したがって、海外子会社は借入ポジションとなっている。また、海外では債権債務の相殺が可能な地域で、コストメリットが生じる会社ごとに、個別に手処理でこれに取り組んでいる。

(7) GCMSの課題

海外では、会計システムは統一されていない。海外子会社の資金の可視化サービスの導入は検討中である。しかし、非鉄金属F社は事業部が30〜40あり、取引量と商流が多く、資金の可視化の意義、可視化してどのように対応

---

[16] エネルギーA社はノーショナル・プーリングを採用しており、参加会社の貸借は連結消去しているが、非鉄金属F社ではその認識が異なる。

するのかが明確にならないなら、実施しない方針である。非鉄金属F社の地域別売上高は、日本46％、米州14％、アジア31％、欧州その他9％となっており、海外売上高が54％と高い。

第7節　機械製造G社の事例
インタビュー実施日：2016年8月25日
調査対象者：財務部副部長、財務部課長、財務部担当者

(1)　連結PL・連結BS・連結対象
売上高1兆5400億円、経常利益900億円、総資産1兆6200億円、純資産4500億円、連結子会社99社、持分法適用会社20社、東証1部上場会社、国内CMSとGCMSの両方を運用、調査票回答あり、インタビュー調査あり

(2)　国内CMS全般
導入年月は2004年2月で、大規模な国内連結子会社43社が参加している。国内CMSは、グループ資金の効率化・改善を目的に運用を開始した。国内CMSは、親会社がインハウスバンクの役割を担っている。国内CMSの提携銀行は、SMBCとみずほ銀行の2行で、SMBCのアプリケーションを使用している。

(3)　プーリング・長期CMS
キャッシュ・プーリングの参加会社数は、43社ある。インハウスバンクは2行のCMS統括口座を設定し、CMS担当者は毎日資金予測に基づいて、2つのCMS統括口座の資金調整を手処理で行っている。国内CMSでは、みずほ銀行の貸借データをSMBCに連携して、貸借・利息計算を行っている。

基準金利は3カ月物TIBORであり、インハウスバンクは参加会社からTIBOR（2016年8月現在0.06％）で借入れし、インハウスバンクのスプレッド0.5％を上乗せして0.56％で貸し付けている。このスプレッドは、毎事業年度初めに見直しているが、結果として据置きする年度もある。インハウス

バンクの参加会社からの借入金は290億円、参加会社への貸付金規模は200億円である。貸借差額の90億円は、インハウスバンクの余剰資金となっている。グループ全体で手元流動性を抑制している。また、グループ全体で預貸資金がある程度バランスされている。基準金利がマイナス金利となっても、インハウスバンクの参加会社からの借入金利の下限を0％としているので、問題が起こらない。インハウスバンクの参加会社への貸付金利は、優遇金利・通常金利・ペナルティ金利の3区分が存在する。インハウスバンクは、CP（コマーシャル・ペーパー）で資金調達することもある。

長期CMSは、インハウスバンクが金融機関から資金調達し、日本円金利スワップレートや社債金利等を参考に、事案ごとに固定金利で貸し付けている。貸付期間は5年で区切っており、7年ならいったん5年で区切って、残り2年間貸し付けている。国内CMSで相互金銭消費貸借契約を締結しているので、事案ごとの金銭消費貸借契約を作成せず、双方で貸付条件を合意し、印紙税が課税されないようにしている[17]。長期CMSは、不動産子会社のみ利用している。長期CMSがあるので、参加会社がCMS借入れを金利スワップで固定金利化するニーズがない。インハウスバンクが、明確に参加会社の金利スワップを禁止しているわけではない。

⑷　ネッティング、CMS支払代行

ネッティングは運用しておらず、CMS支払代行の参加会社は20社である。機械製造G社は事業部制を採用しており、親子間取引が多いものの、子会社間取引が少ないため、ネッティングは導入していないとのことであった。親会社の振込手数料が参加会社のそれより低く、親会社で支払うほうがコストメリットをとれるので、支払代行を行っている。

⑸　国内CMSの課題

インハウスバンクへの資金集中の強化、キャッシュ・フロー予測の精度向上が課題である。現状では、キャッシュ・フロー予測を入力しない参加会社

17　長期CMSを運用する会社は、この方法を活用している。

もある。そこで、インハウスバンクが、キャッシュ・フロー予実差異理由をヒアリングする牽制を実施している。ペナルティ金利を適用することはほとんどなく、7〜8年前に1度あった程度である。

合弁会社のCMS参加に伴い、参加会社がキャッシュ・プーリングによって借入れする場合で、参加会社の経営状態が悪化した場合には、合弁元会社（出資会社）のどちらが参加会社の借入債務を負うのかが問題となる。そこで、機械製造G社は、あらかじめ合弁元会社間で出資割合に応じて責任を分担するなどを取り決めておく必要があることをCMSの運用課題と認識していた。

(6) GCMS全般

米国では、バンク・オブ・アメリカが提携銀行となっている。カリフォルニア州アーバインにある販売子会社が地域統括会社となり、4社が参加してUSDでアクチュアル・プーリングを運用している。欧州では、BNPパリバが提携銀行となっている。オランダに地域統括会社を設置し、ユーロでアクチュアル・プーリングを運用している。また、中国では、みずほ銀行が提携銀行となっている。上海に地域統括会社を設置し、手処理で子会社間の人民元の貸借取引を運用している。中国では委託貸付が残っており、アジア全域でのアクチュアル・プーリングは運用できていない。

機械製造G社のある部門では、30年前から海外送金手数料を削減するために、月1回親会社と海外子会社との間で、手作業でリ・インボイスや債権債務の相殺を実施している。通貨はUSD・ユーロ・人民元・インドネシアルピア・タイバーツ等で、親会社側で為替リスクをとって為替予約して円転している。親会社には、数人の担当者を配置している。

(7) GCMSの課題

海外の地域別にGCMSが導入されているが、グループ全体で日本のインハウスバンクへの資金集中はできていない。これが、運用課題である。資金を可視化するシステムは導入されていないと回答していたが、地域別にアクチュアル・プーリングが運用されている。2016年3月期の地区別売上高は日

本41％、米国26％、欧州9％、アジア16％となっており、海外売上高比率は59％と高い。海外子会社の会計システムは統一されていない。

第8節　陸運H社の事例

　　インタビュー実施日：2016年8月23日
　　調査対象者：経理部課長、経理部課長補佐、監査部部長

⑴　連結PL・連結BS・連結対象

　売上高2200億円、経常利益300億円、総資産8900億円、純資産2000億円、連結子会社58社、持分法適用会社1社、東証一部上場会社、国内CMSのみ運用、調査票回答あり、インタビュー調査あり

⑵　国内CMSの体制

　導入年月は2003年3月で、参加会社数は41社で運用している。連結子会社で遠隔地ないしは資金移動規模が小さい会社は、国内CMSに参加していない。会計システムは統一されていないが、シェアード・サービス子会社で40～50人が子会社30社の経理受託を行っている。インハウスバンクは、親会社が担務している。国内CMSは、SMBCのアプリケーションを使用している。

⑶　キャッシュ・プーリング、長期CMS

　インハウスバンクはSMBCとMUFGの2行にCMS統括口座を設置し、参加会社は2行のいずれかを選択してCMS口座を設定している。MUFGとSMBCとの間でデータ連携されており、MUFGの貸借データや利息計算は、SMBCのCMSのシステムで一元管理されている。インハウスバンクの2行のCMS統括口座は、SMBCのCMS統括口座へ手処理で資金集約している。インハウスバンクの参加会社からの借入金は320億円、参加会社への貸付金は180億円規模である。貸借差額の140億円は、親会社の有利子負債圧縮に活用されている。基準金利は1カ月TIBOR（2016年8月現在0.03％）で、インハウスバンクはTIBORで参加会社から資金を基準金利で借り入れて、イン

ハウスバンクのスプレッド0.5％を上乗せして0.53％で貸し付けている。

　長期CMSは、インハウスバンクがCMSの余剰資金等を活用して、事案ごとに判断して子会社への貸付を行っている。不動産子会社のマンション建設資金等に長期CMSの利用があるが、固定金利で期間は3～5年が多い。期間が満了すれば、その時点の金利を適用して、繰返し貸し付ける場合もある。必要に応じて事案ごとにインハウスバンクが長期CMSで固定金利の貸付を行うので、参加会社の金利スワップは認めていない。基準金利がマイナスになれば、ゼロ金利と読み替える対応を行っている。

(4)　ネッティング、CMS支払代行

　ネッティング、CMS支払代行を運用している。CMS支払代行は、CMS参加会社41社のうち34社が参加している。参加会社は、2営業日前に振込データ（支払先と支払金額）をSMBCのCMS支払代行システムにアップロードしている。ネッティングはインハウスバンクへの貸借勘定付替え（第二法）で債権債務を相殺している。ネッティングの受取側の会社は、アプリケーション上で売掛金の入金を確認することになっており、入金時にメールで知らせる機能はない。会計システムは統一されていないので、CMSとの連動はなされていない。

(5)　国内CMSの運用課題

　CMS参加会社でCMS支払代行不参加の会社が7社あるが、参加会社を増やすことが課題となっている。参加会社が入力するキャッシュ・フロー予測の精度向上が、課題となっている。親会社の海外支店や重要な海外子会社がないため、GCMSは採用していない。

(6)　GCMS全般

　海外事業は大きくなく、GCMSは運用していない。

(7)　GCMSの課題

　(6)の理由から課題はない。

第9節　化学 I 社の事例

調査票回収日：2016年8月10日
調査票回答者：財務部部長補佐

(1) 連結PL・連結BS・連結対象

売上高2兆1000億円、経常利益1700億円、総資産2兆6600億円、純資産1兆900億円、連結子会社160社、持分法適用会社36社、東証1部上場会社、国内CMS・GCMS共に未導入、調査票回答あり、インタビュー調査協力不可。

(2) 国内CMS全般

回収した調査票によれば、関係会社への融資を行う金融子会社があるが、インタビュー調査に協力不可とされたため、詳細は不明である。現在、コスト対効果の観点とグループの財務規律を維持するための制度議論ができていないことから、国内CMSは未導入である。

(3) GCMS全般

化学 I 社の海外子会社では、中国での委託貸付、各国内のグループ内の貸借取引、親子ローンを行っている模様である。クロスボーダーでの資金移動は、外為規制・源泉税・コスト対効果などの課題があり、GCMSを導入していないと調査票に回答している。化学 I 社の2016年3月期の地区別売上高構成比は、日本39％、中国16％、北米15％、その他30％であり、海外売上高比率は61％と高い。また、有形固定資産の構成比は、日本60％、韓国18％、その他22％となっている。

第10節　繊維 J 社の事例

インタビュー実施日：2016年9月1日
調査対象者：財務部長、財務担当者、経理部長

(1) 連結PL・連結BS・連結対象

売上高3500億円、経常利益200億円、総資産4400億円、純資産1600億円、連結子会社54社、持分法適用会社9社、東証1部上場会社、国内CMSのみ運用、調査票回答あり、インタビュー調査あり

(2) 国内CMSの体制

導入年月は2004年10月で、参加会社数は現在36社（開始時42社）で運用している。CMS参加会社には、国内連結子会社と出資比率50％超の非連結子会社が含まれる。インハウスバンクは金融子会社で、ペーパーカンパニーである[18]。インハウスバンクは、CMS導入前からグループの資金運用をする会社であったこと、シェアード・サービスを行う予定であったこと[19]から、インハウスバンクの役割を担っている。現在子会社5社の経理受託を親会社で実施している。今後、親会社とインハウスバンクとの役割分担の検討が必要であるとのことだった。提携銀行は、みずほ銀行・MUFG・SMBCの3行で、国内CMSはSMBCのアプリケーションを使用している。

(3) キャッシュ・プーリング、長期CMS

国内CMSの参加会社は、提携3行のうち1行を選択してCMS口座を登録し、SMBCのアプリケーションによって、みずほ銀行とMUFGの貸借データを自動的にとりに行って、SMBCのアプリケーションで貸借残高・利息を計算し、一元管理している。基準金利は1カ月TIBOR（2016年9月現在0.03％）で、インハウスバンクは基準金利で参加会社から借り入れて、スプレッド（非公表）を上乗せして貸し付けている。ただし、貸付下限金利を0.1％と設定しているので、基準金利がマイナス金利となっても、このルールが適用される。インハウスバンクのスプレッド（非公表）は、インハウスバンクの収支が成り立つように設定されている。インハウスバンクの参加会社からの借入金は130億円、参加会社への貸付金規模は210億円である。貸借差額の80億円は、親会社の余剰資金と民間金融機関からの借入れで賄ってい

---

18 実質は、同社財務部部員が兼務している。
19 現在においても、インハウスバンクはシェアード・サービスをしていない。

る。繊維J社は、SMBCのアプリケーションの完成度が高いと評価している。

長期CMSは、インハウスバンクが民間金融機関から資金調達して、子会社へ固定金利で貸付を行っている。しかし、調達する資金は変動金利も利用しており、調達資金と貸付資金の紐づけをしておらず、変動金利リスクを完全には排除できていない。長期CMS基準金利はスワップレートとし、貸付期間は3～5年である。CMS運用時に相互金銭消費貸借契約を締結しており、これを使って長期貸付でも印紙税がかからないようにしている。必要に応じて事案ごとにインハウスバンクが長期CMSを提供するので、子会社の金利スワップは認めていない。

(4) ネッティング、CMS支払代行

ネッティングとCMS支払代行は、運用していない。親子間の取引が多く、子会社間の取引が少ないため、ネッティングの必要性はあまり感じていないとのことであった。

(5) 国内CMSの運用課題

参加会社財務経理部門の資金繰りが、形骸化している点が課題である。また、参加会社が銀行と交渉することがなくなったので、参加会社は財務知識が乏しくなってしまった。そこで、資金繰りの大切さを意識してもらうため、10～20億円程度を1～2年程度、数社に優遇金利で預入をしてもらっている。これは、キャッシュ・プーリングの一形態として運用している。

(6) GCMS全般

地区別連結売上高は、日本70％、東南アジア18％、その他11％であるが、海外の固定資産比率は5％と低い。また、日本国内で製造して海外へ販売するケースが多く、グループ全体での海外事業規模は小さいので、GCMSは採用していない。北米・欧州での事業は、ほとんどない。親会社と海外子会社との取引規模も、小さい。GCMSの導入を検討した時期があったが、海外では合弁会社が多く、相手先との合意をとるなどの交渉が必要であったため、導入していない。海外での会計システムは、統一していない。資金の可視化

は行っていない。可視化をして、その後どのように対応するのかが明確でなければ、システムを導入する意義がないとのことであった。

(7) GCMSの課題

(6)の理由から課題はない。

第11節　化学K社の事例

インタビュー実施日：2016年9月2日

調査対象者：財務部長、財務係長

(1) 連結PL・連結BS・連結対象

売上高7900億円、税引き前利益1000億円、総資産8300億円、純資産6100億円、連結子会社102社、持分法適用会社2社、IFRS適用会社、東証1部上場会社、国内CMSとGCMSの両方を運用、調査票回答あり、インタビュー調査あり

(2) 国内CMSの体制

導入年月は1999年7月で、参加会社数は16社で運用している。国内連結子会社は、ほぼ参加している。インハウスバンクは、親会社が担務している。提携銀行はMUFG1行のみで、不便はないとのことであった。

(3) キャッシュ・プーリング、長期CMS

基準金利は6カ月物TIBOR（2016年9月現在0.109％）、インハウスバンクは参加会社から基準金利で借入れし、参加会社へ0.234％で貸し付けする仕組みとなっている。したがって、インハウスバンクのスプレッドは0.125％である。基準金利は、毎月見直しをしており、月末日－1日から－5日の平均値を採用している。インハウスバンクの参加会社からの借入金は、数百億円（詳細非開示）、参加会社への貸付金は0円である。化学K社は、キャッシュ・プーリングを参加会社からの資金集中に使用しており、通常インハウスバンクから参加会社への貸付は起らないとのことであった。参加会社の預

入限度額は、設けていない。TIBORが仮にマイナス金利となった場合の参加会社との取決めは、行っていない。参加会社に長期資金のニーズがないため、長期CMSの運用も行っていないとのことであった。

(4) ネッティング、CMS支払代行

親子間取引が多く、子会社間の取引が少ないため、ネッティングは運用していないとのことであった。また、CMS支払代行も運用していない。

(5) 国内CMSの課題

キャッシュ・プーリングは、ほとんどが参加会社の預け金だけとなっている。化学K社の財務責任者は、親会社が子会社の余剰資金を配当で吸い上げるか、キャッシュ・プーリングで資金集中するのかは、同じことであるという認識をもっていた。

(6) GCMS全般

化学K社には、ドイツに純粋持株会社で欧州事業戦略を担当している地域統括会社がある。欧州では、BNPパリバと提携し、ユーロでアクチュアル・プーリングを毎日実施している。欧州では国内とは異なり、参加会社への貸付が起こることがある。中国では上海に地域統括会社があり、MUFGと提携して人民元でアクチュアル・プーリングを行っているとのことであった。具体的には、参加会社A・B・C社が地場の銀行からMUFG（上海）の口座へ手処理で送金しておく。参加会社D社で借入れが起これば、参加会社A・B・C社から地域統括会社へ資金が集中される。この場合の資金集中は、あらかじめ各社の資金割合を決めて運用される。この話によれば、ゼロバランスは行われておらず、ノーショナル・プーリングのようにもみえる。中国では、事業会社の金銭貸借が法律で禁止されていて、銀行への委託貸付でないと実施できないから、このような運用をしているとのことであった[20]。

---

20 中国では、従来民間企業間貸付が禁止されていた。2015年9月からこれが解禁されているが、実務では委託貸付が継続されていると考えられる。中国では、委託貸付を活用したアクチュアル・プーリングが認められており、企業側が銀行へこの手数料を支払っている。

2015年11月に、海外子会社28社を対象に、資金の可視化を実施する運用を開始した。キリバのシステムが、使用されている。この導入にあたっては、CFOの指示があったこと、不正防止や牽制機能があると考えたからである。ただし、資金ポジションをタイムリーに把握できること以外のメリットや利用方法がなく、活用方法を模索しているとのことであった。

(7)　GCMSの課題

　財務責任者は、地域統括会社では事業戦略を担務し、事業資金は日本本社に集中することが化学K社の財務方針であると述べた。2016年3月期の地区別売上高は、日本28％、米国8％、欧州6％、アジア・オセアニア58％となっており、海外売上高比率は72％と非常に高い。海外子会社の会計システムは統一されていない。

第12節　エネルギーL社の事例

　インタビュー実施日：2016年9月5日
　調査対象者：経理室財務グループマネジャー兼インハウスバンク業務部長

(1)　連結PL・連結BS・連結対象

　売上高3兆2500億円、経常利益2400億円、総資産7兆4100億円、純資産1兆2000億円、連結子会社63社、持分法適用会社4社、東証1部上場会社、国内CMSのみ運用、調査票回答あり、インタビュー調査あり

(2)　国内CMSの体制

　導入年月は2000年4月で、参加会社数は43社で運用している。親会社が債務保証している大規模借入れがある会社および関連会社等は、国内CMS参加会社の対象外となっている。CMS運用開始当初から、金融子会社がインハウスバンクを担務している。インハウスバンクは1995年に設立され、貸金業登録を行っており、CMS導入以前からグループ資金の貸借取引を行っている。インハウスバンクは、親会社の財務部員3人が兼務している。CMS

参加会社は、提携銀行3行（みずほ銀行・SMBC・MUFG）のうち1行を選択して、CMS口座を登録している。国内CMSは、みずほ銀行のアプリケーションを使用している。

(3) キャッシュ・プーリング、長期CMS

キャッシュ・プーリングでは、みずほ銀行が参加会社とSMBC・MUFGの貸借データを自動的にとりに行って、みずほ銀行のアプリケーションで貸借残高・利息計算をして、一元管理している。基準金利は、1カ月TIBOR（2016年9月現在0.03％）を採用しており、インハウスバンクはTIBOR－a（非公表）で借入れをし、スプレッド0.005％を上乗せして、TIBOR－a＋0.005％で貸付けをしている。ただし、インハウスバンクの借入金利の下限は、1カ月物CD（現在0.007％）としており、現在は限りなく0％に近いが、これはマイナス金利にはならないと考えられるので、貸付金利もマイナス金利にはならない。インハウスバンクの長短含めた直近の借入れは、短期CMSによる借入れ1060億円、長期借入れ430億円で、借入総額は1490億円である。一方で、貸付は短期CMSでの貸付110億円、長期貸付590億円、親会社への貸付760億円で、貸付総額は1460億円となっている。キャッシュ・プーリングと長期CMSの貸借金額は、ほぼバランスされている。

参加子会社は長期CMSを利用できるため、金利スワップは取組みしていない。インハウスバンクが、キャッシュ・プーリングで子会社から借入れした資金の金利をスワップで固定化して子会社へ貸し付けることは可能だが、現在超低金利でスワップが機能しないこともあるので、取組みはしていない。

(4) ネッティング、CMS支払代行

ネッティングは運用していない。キャッシュ・プーリング参加43社のうち、31社がCMS支払代行に参加している。CMS支払代行は、参加会社が支払先と支払データを支払事務代行会社（子会社）へ送り、当該会社が参加会社の伝票審査とデータを突合し、インハウスバンクが支払いを行っている。エネルギーL社の支払代行は、内部牽制が機能している。さらに、インハウ

スバンクが参加会社の立替払いをしている点でキャッシュ・プーリングと支払代行を組み合わせた理想的な支払代行となっている。また、支払内容も一般事業会社への支払い、参加会社社員の給与や税金等の納付書の支払いにも対応している。親会社および一部の国内子会社は、グループで制作した共通の会計システムを使用している。一方で、一部の国内子会社および海外子会社は、SAPをカスタマイズした会計システムを使用している。親会社社員の立替払いや旅費等の支払事務は、中国（大連）の資本関係のないBPO会社へ業務委託している。

⑸　国内CMSの運用課題

特段の課題はなかった。エネルギーL社は、子会社に対して経営の自由度・自主性を確保しており、(i)子会社側で設備投資を促し、(ii)設備投資がなければインハウスバンクへ貸付をさせ、(iii)それがないなら親会社が子会社の余剰資金を配当で吸い上げるという、(i)(ii)(iii)の優先順位を付けたグループ財務方針をとっている。

⑹　GCMS全般

海外子会社の貸借は為替リスクや金融規制があるため、国内のグループ・ファイナンスの対象から外しており、GCMSは導入していない。資金ポジションや資金量を可視化することは、現在は実施していない。

⑺　GCMSの課題

⑹の理由から課題はない。

第13節　金属製造M社の事例

インタビュー実施日：2016年10月4日
調査対象者：財務部次長、財務部担当者

⑴　連結PL・連結BS・連結対象

売上高1兆8200億円、経常利益300億円、総資産2兆2600億円、純資産

7500億円、連結子会社170社、持分法適用会社43社、東証1部上場会社、国内CMSとGCMSの両方を運用、調査票回答あり、インタビュー調査あり

(2) 国内CMSの体制

導入年月は2000年6月、参加会社数は75社で、100％出資の連結子会社である。インハウスバンクは、金融子会社（財務部部員が兼務）が担務している。金属製造M社の特徴は、インハウスバンクがCMS業務とグループ全体で売掛債権を流動化する業務を運用している点にある。グループ全体で生じた余剰資金は、外部借入を圧縮するために活用されている。国内CMS導入当初はMUFG（旧三和銀行）のアプリケーションを利用していたが、2003〜2004年頃にアビーム・コンサルティング社のアプリケーションに変更した。これはサーバーへインストールする方式であり、ASP（クラウド）方式ではないので、OSの変更などでコストがかかるとのことであった。今回の調査対象会社で唯一、メガバンク以外のCMS汎用システムを使用していることが特徴である[21]。

(3) キャッシュ・プーリング、長期CMS

提携銀行は、MUFG・みずほ銀行・SMBCの3行である。参加会社は3行のうちいずれか1行を選択し、CMS口座を設定する。また、インハウスバンクは3行のCMS統括口座を保有して、3行の口座残高がマイナスにならないように手処理で資金調整をしている。基準金利は3カ月物TIBOR（2016年10月現在0.06％）、インハウスバンクは参加会社から基準金利＋親会社短期スプレッド（非公表）で借入れし、これにインハウスバンクのスプレッド（0.25％）を上乗せして、参加会社へ貸し付ける仕組みとなっている。貸借・利息計算は、アビーム・コンサルティング社のアプリケーションで行っている。インハウスバンクの参加会社からの借入金は約1260億円、参加会社への貸付金は約1220億円の規模である。貸借はほぼバランスされており、貸

---

[21] 機械製造E社は独自開発のアプリケーションを運用、金属製造M社はシステムベンダーの汎用システムを活用している。インタビュー調査対象のこれ以外の会社は、メガバンクのアプリケーションを使用している。

借差額40億円はインハウスバンクの余剰資金となっている。基準金利が仮にマイナス金利となった場合の参加会社との取決めは、実施していない。

長期CMSは親会社が社債・金融機関借入れで調達して、インハウスバンクへ貸付し、インハウスバンクがこの資金に0.1％のスプレッドを乗せて、6カ月・3年・5年単位で、固定金利貸付を実施している。長期CMSを利用しているのは、主に不動産子会社等である。親会社が外部から資金調達をするため、CMS参加会社とインハウスバンクは外部金融機関から資金調達を行わないので、参加会社の金利スワップは発生しない。

(4) ネッティング、CMS支払代行

ネッティング、CMS支払代行を運用している。ネッティングは、CMS支払代行の機能のなかで貸借勘定付替え（第二法）を採用している。

(5) 国内CMSの課題

Windows XPからWindows 7への変更などOS更新やシステム不具合等へ対応すること、参加会社ユーザーの操作スキルの維持・向上が、課題である。年1回・国内2カ所で、CMSと債権流動化の勉強会を実施し、財務知識の維持に努めている。金属製造M社は事業部制を敷いているので、子会社の経営管理は親会社各事業部が担当し、資金管理はインハウスバンク（親会社財務部員兼務）が担務している。CMSの運用開始によって、銀行の参加会社に対するモニタリング機能がなくなったため、親会社財務部側でその機能を果たす必要があるとのことであった。具体的には、事業部の参加会社に対する経営指導念書の提出義務化などを実施している。

(6) GCMS全般

米国に純粋持株会社があり、その傘下に米国地域統括会社がある。1997年頃から米国内の子会社13社を対象に、JPモルガン・チェースと提携し、USDで毎日ゼロバランスを行い、アクチュアル・プーリングを運用している。米国地域統括会社から日本の親会社へUSDで貸し付けし、親会社が外為リスクを負担し、円転して資金集中をしている。また、中国（上海）に中国地域統括会社があり、2014年から7社を対象に、みずほ銀行と提携し、人

民元で毎日ゼロバランスを行い、アクチュアル・プーリングを運用している。

中国地域統括会社と参加会社ともに、経常的に使用する銀行口座を保有する一方で、みずほ銀行のキャッシュ・プーリング専用銀行口座を保有している。このプーリング口座内ではゼロバランスで資金移動が起こっている。一方で、中国地域統括会社と参加会社が、経常使用の銀行口座をもちながら、みずほ銀行のキャッシュ・プーリング口座内でのみ資金移動がなされているので、委託貸付が起こっているようにみられ、ノーショナル・プーリングにもみえる。

化学K社では、中国（上海）でMUFGと提携して、キャッシュ・プーリングを運用しているが、ゼロバランスが使われておらず、委託貸付のような仕組みがみられる。一方で、金属製造M社はゼロバランスが行われており、アクチュアル・プーリングとなっている。インタビュー調査したなかでは、金属製造M社の事例は、中国の最新事例であるように感じる。

(7) GCMSの課題

金属製造M社は、東南アジア地域でキャッシュ・プーリングをはじめ、GCMS本格導入に向けて検討中である。また、資金の可視化についても、今後検討予定である。2016年3月期の地区別売上高は、日本64％、中国8％、その他（東南アジア・中東）28％となっており、海外売上高比率は36％と高い。海外子会社の会計システムは統一されていない。

第14節　建設N社の事例

インタビュー実施日：2016年9月7日
調査対象者：経理財務部課長

(1) 連結PL・連結BS・連結対象

売上高1兆8600億円、経常利益1600億円、総資産2兆300億円、純資産1

兆700億円、連結子会社205社、持分法適用会社23社、東証一部上場会社、国内CMSのみ運用、調査票回答あり、インタビュー調査あり

(2)　国内CMSの体制

導入年月は2005年7月で、参加会社数は26社である。親会社財務部がインハウスバンクの役割を担務しており、参加会社はすべて連結子会社である。連結子会社が205社と多いのは、海外事業でSPCが多く存在するためである。国内の実質的子会社は、50社程度である。親会社の事業は、全国の地方銀行との間で提携ローンがある。そのため、特定の提携銀行を選定して参加会社から資金集中することができず、多くの地方銀行との取引が必要であるという事業上の制約があることが特徴となっている。

建設N社と旧UFJ銀行は、2002年からプロトタイプ版 in-house bankシステムを汎用版とする共同プロジェクトを開始して、2005年に完成させている。その後、MUFGの汎用版TMS（トレジャリー・マネジメント・システム）へと引き継がれているとのことであった。CMS運用開始前は子会社が50社で、300の銀行支店との取引があり、口座管理が非常に煩雑であったので、これを一元管理したいと考えてCMSを導入した。共同プロジェクト開始前には、UFJCMSという銀行のアプリケーションがあったが、100の銀行支店が運用の限度であった。そのため、これを利用できず、in-house bankシステムを旧UFJ銀行と共同プロジェクトで開発することになった経緯がある。

(3)　キャッシュ・プーリング、長期CMS

キャッシュ・プーリングの基準金利は、親会社の資金調達コストと長期プライムレート等を参考に、6カ月ごとにこれを決定している。インハウスバンクの参加会社からの借入金利は基準金利であるが、貸付金利はインハウスバンクが独自に決定している（金利情報はすべて非公開）。インハウスバンクの参加会社からの借入れは810億円で貸付は0円であり、主に参加会社の余剰資金をインハウスバンクへ集中するために利用している[22]。今回のインタ

22　建設N社は化学K社と同様、CMSを参加会社の資金集中を主な目的としている。

ビュー調査では、建設N社だけがゼロバランスをしないキャッシュ・プーリングを運用していた。具体的には、インハウスバンクがMUFGの資金集中システムを使って、親会社各組織を含む参加会社の約250の銀行口座の余剰資金を定期的に資金集中する。一方、参加会社は、任意のタイミングでインハウスバンクの資金集中口座へ振り込むことも可能となっている。インハウスバンクは、資金移動結果をCMS預り金として反映、残高表が更新され、仕訳が配信され会計システムへ連携されている。

インハウスバンクは、MUFG・みずほ銀行・SMBC・りそな銀行の提携4行にCMS統括口座を設定して、提携4行に参加会社の仮想口座を設定している。参加会社は、地方銀行を含む多数の銀行口座を利用しているが、その銀行口座残高をインハウスバンクの参加会社の仮想口座に資金集中させている。参加会社に資金需要がある場合には、支払代行を利用してインハウスバンクへの預け金を取り崩すことになる。したがって、ゼロバランスは利用していない。国内キャッシュ・プーリングの枠外で長期CMSを運用しており、参加会社は借入れした資金をいったんキャッシュ・プーリングへ預け、その都度必要資金を取り崩している。長期CMSの仕組みがあるので、参加会社の金利スワップの取組みはない。長期資金のニーズがある場合には、親会社が対応している。金利情報等貸付情報は、非公開である。

(4) ネッティング、CMS支払代行

参加会社は、インハウスバンクが設定した仮想口座をCMS支払代行として使用するか否か、ネッティングとして使用するか否かをあらかじめ決定して、その機能を利用している。ネッティングは、現在27社（参加会社26社＋親会社）が参加している。ネッティング用に、MUFGの参加会社仮想口座を設定、参加会社はネッティング参加会社の振込先（仮想口座）を指定し、振込データを作成する。CMSのシステムで残高の増減・会計仕訳・受取明細を作成、相手先は受取明細と預け金残高で入金確認する仕組みとなっている。貸借勘定付替えによるネッティング（第二法）件数は1000〜1500件／月と非常に多く、総額は約250億円／月にも及ぶ。

CMS支払代行も、ネッティング同様に27社が参加している。建設N社は親子間取引が多く、支払代行件数は5〜6万件／月と非常に多く、総額は約1000億円／月（上記ネッティングはこの内数）にもおよび、財務責任者は資金効率化に寄与していると述べている。

(5) 国内CMSの課題

建設N社では、子会社が親会社から受注する業務が多く、不動産子会社を除いて資金調達の必要性が乏しいとのことであった。国内で大規模事業を展開する不動産子会社グループ7社が、国内CMSに不参加である。当該グループ会社の振込件数は非常に多く、振込データ受付締切りに間に合わないこと、入金予測が難しいこと等が不参加の理由となっている。そのため、当該グループ7社が今後CMSに参加してもらうことが課題となっている。

(6) GCMS全般

海外事業を開始して4〜5年が経過し、海外事業規模が拡大している。財務責任者は、資金可視化はモニタリング効果があるが、支払代行まで進めないと効果は限定的であるとのことであった。

(7) GCMSの課題

海外事業規模の拡大に伴い、現在GCMSの構築を検討中である。

Appendix 9. 先行研究調査

先行研究のマトリックス分類

		キャッシュ・プーリングで資金集中（有）	
第2類型	Blum [2012]	Von Eije [2002] Polak [2010] Holland [1994] Westerman [2005] 西山 [2013] 岡部 [2014] 本書	第1類型
ネッティング・支払代行で一元管理（無）		ネッティング・支払代行で一元管理（有）	
第3類型	Herring [2009] Iturralde [2005]	Capstaff [2005] Tsamenyi [2005] Shapiro [1978] Srinivasan [1986] Anvari [1986]	第4類型
		キャッシュ・プーリングで資金集中（無）	

（出所）著者作成

　CMSの運用には、インターネット・資金管理を行うアプリケーション・EB・提携銀行の4点が不可欠であると考えられる。インターネット元年である1995年以前にも、CMSを前提としないキャッシュ・マネジメントに関する先行研究は存在する。そこで、本論を展開する前にCMSを前提としないキャッシュ・マネジメントを含めて、先行研究を分類整理する。

　CMSの主要な機能はキャッシュ・プーリングであり、キャッシュ・プーリングが存在しないCMSの企業事例はない。そこで、先行研究にはCMSを前提としないものも含まれているので、これらを区別するためにキャッシュ・プーリングでインハウスバンクへ資金を集中して、グループ企業の資金効率を向上させることを論じているか否かを縦軸にとった。

　その結果、第1類型と第2類型はCMSを前提とした研究領域である。次

に、CMSを前提としない債権債務の相殺・支払代行に関する先行研究もみられることから、ネッティング・支払代行を活用してグループ企業の運転資金を不要ないしは圧縮することにより、資金効率を向上させること、銀行手数料を削減することを論じているか否かを横軸にとった。

その結果、第1類型と第4類型は、ネッティング・CMS支払代行を活用して資金の効率的一元管理を論じている研究領域である。そして、第1類型が、本書を含めてキャッシュ・プーリング・ネッティング・CMS支払代行を対象にした研究領域である。

第2類型は、キャッシュ・プーリングを論じているが、ネッティングと支払代行に言及されていない領域である。Blum[23]は、「参加会社の銀行口座を毎日ゼロバランスすることによりグループ企業の余剰資金を吸収し、不足資金を配布して、自動的に資金移動が生じるアクチュアル・プーリングと、自動的には資金移動が生じないノーショナル・プーリング」について論じている。そのうえで、「税務問題に着目し、前者は資金移動が生じているため税務問題が生じないが、後者は資金移動があったとみなすというあいまいさゆえに税務問題が生じる」ことを指摘している。

ノーショナル・プーリングの詳細は第7章で考察した。これは一般的に国境をまたぐキャッシュ・プーリングで活用される仕組みで、マスター口座（インハウスバンク）とサブ口座（参加会社）のすべての口座を合算し、グループ全体の口座残高に対して、提携銀行が金利計算を行うものである。グループ全体の口座残高を1つの仮想的経済体として扱うことから、ノーショナル（仮想的）と呼ばれている。グループ全体の口座残高がマイナスとなれば支払利息が発生するが、これがプラスとなれば受取利息が発生する。そのため、グループ全体の余剰資金を活用して資金不足となる参加会社の支払利息を節約する効果があるので、キャッシュ・プーリングの一形態とされている。ノーショナル・プーリングは、アクチュアル・プーリングとは異なり、

23　Blum［2012］

地域統括会社（インハウスバンク）を含めた参加会社が提携銀行と貸借関係をもつことになる。また、CMSの各参加会社間で実際の資金移動を伴わないことが特徴で、グループ内での利息の源泉税や相互金銭貸借契約などの手続が不要となるメリットがある。しかし、資金余剰となる参加会社と資金不足となる参加会社の貸借勘定を、連結決算で消去できるか否かの統一的な見解がなく、その判断が分かれることがあり、実務上は会計士との協議が必要であるといわれている。

第3類型は、キャッシュ・プーリング、ネッティング、支払代行についての言及はないものの、主に企業財務戦略について論じている。Herring[24]は、「企業の多国籍化・国際化・経営統合のために、数百社から千社を超える子会社を保有する企業が出現し、企業構造の複雑さが組織全体に影響するリスク要因となっており、あまりにも複雑すぎて経営が機能しなくなっている」と指摘している。

Iturralde[25]は、「キャッシュ・マネジメントには企業戦略を形成する文化が存在しており、企業の特徴・企業自体や企業財務部門の規模に依存するというよりは、むしろ財務マネジャーの意思に依存している」と述べている。著者が実施したインタビュー調査でも、国内の陸運事業を中心とするグループ企業、国内中心の建設事業で親会社が元請けとなって、その事業の一部を請負う子会社を多数保有するグループ企業、海外生産子会社や販社を保有する海外売上高比率の高いグループ企業では、企業財務責任者の求められる立場や資金効率のねらいが異なることを確認した。業種・業態ごとに企業財務責任者の重要視する事項や優先順位が異なるのは、当然のことと考えられる。

第4類型は、キャッシュ・プーリングの言及はないが、ネッティングや支払代行を活用することにより、為替を一元管理して銀行手数料を削減することを論じている領域である。この領域では、欧州を中心としたグループ企業

---

24 Herring［2009］
25 Iturralde［2005］

のキャッシュ・マネジメントを研究対象としていて、主に為替リスクの低減を論じている点が共通している。

Capstaff[26]は、英国とフランス企業を取り上げて、欧州共通通貨ユーロの導入によって、外為リスクを削減できるメリットを論じている。また、金融政策の課題として規制緩和の重要性も指摘している。ただし、ネッティングについての紹介はあるが、その詳細なメカニズムの考察はない。

Tsamenyi[27]は、ガスプロムのキャッシュ・マネジメントを取り上げている。これは、「ネッティング・センターが毎月10日にリーズ・アンド・ラグズ、リ・インボイスを活用して、グループ会社間の債権債務を相殺するスキーム、運転資金量を削減して多額の借入金の削減に寄与している」ことを論じている。さらに、ネッティング・センターは外部企業への支払いも代行して、その取引数を40％以上削減し、グループ全体の取引コスト削減に寄与したことを紹介している。そして、グループ会社間の債権債務の差額（純額）を相殺するネッティングについての考察がある。

Shapiro[28]、Srinivasan[29]、Anvari[30]はネッティングを活用したキャッシュ・マネジメントを論じている点で共通している。Shapiroは、「ネッティングによって外国為替変動リスクを抑制し、その手数料を削減して、決済資金量の削減を通じてグループ決済に伴う総コストを削減することが可能である」と論じている。また、グループ会社間の債権債務の差額（純額）を相殺するネッティングを紹介している。そして、「手作業でのネッティング処理よりも、システム処理されたネッティングはコストを極小化できる」と述べている。ただし、「この時代では、ネッティング理論がすぐさま実務に活用されるとはいえない」とも述べている。

SrinivasanはShapiroと同様に、「支払件数を削減して相殺差額を決済する

26　Capstaff［2005］
27　Tsamenyi［2005］
28　Shapiro［1978］
29　Srinivasan［1986］
30　Anvari［1986］

ことによってグループ企業内の総支払資金量を削減することが、資金コストの極小化に寄与する」と述べており、「バイラテラル、マルチラテラルに加えて、統括会社決済の少なくとも3種類のネッティング類型がある」ことを論じている。そして、ネッティングに伴う送金コストや外国為替コストを削減することの重要性を指摘している。

Anvariは、「グループ企業の統一決済日を毎月1回から複数月に1回の決済によって、さらなるコスト削減効果が生じる可能性」を指摘しているが、「相殺資金量を予測することの難しさや確実性に問題があるので、最適な決済日の設定をどのように決定するのかは、実務上困難が伴う」と論じている。そして、「この課題を解決するためには、グループ企業の未払い残高などを常に最新のデータに更新して、これを活用することでネッティング効果を上げることが重要である」と指摘している。

第1類型は、キャッシュ・プーリングを活用してインハウスバンクへ資金集中させ資金効率化を図ること、さらにグループ会社間の資金量を圧縮ないし不要とするネッティング、グループ会社の支払をインハウスバンクが代行して支払手数料を削減するCMS支払代行を導入すべきであると論じている領域である。本書は、キャッシュ・マネジメント研究のうち、第1類型の領域に属している。

Von Eije[31]は、「ユーロ圏の多国間キャッシュ・マネジメントにおいて、資金移動での金融市場の不備を改め、現地通貨を保有する必要性を減らして資金集中を容易にし、本社の財務統制を容易にするような金融自由化・規制緩和・共通通貨が必要である」と論じている。また、「銀行離れ（disintermediation）が生じている」とも指摘している。

Polak[32]は、「グループ企業内にin-house bankの機能をもたせて、子会社の資金をin-house bankに集中させるキャッシュ・プーリング、子会社間の債権債務を相殺して運転資金をなくすネッティングを導入し、子会社を含む

31　Von Eije［2002］
32　Polak［2010］

グループ企業のshared service centresを確立して、payment factories（CMS支払代行）の機能を活用すべきである」と論じている。また、「グループ会社間のネッティングでその資金コスト・通貨転換コスト・運営管理コストを効果的に削減するには、マルチラテラル・ネッティングの導入が必要である」と述べている。さらに、「これを運用するにはグループ会社の取引内容や資金量を把握する仕組みが必要で、ネッティング・センターと管理者がいなければならない」と指摘している。Polakは、CMSの活用を前提としている。しかしながら、ネッティングの詳細なメカニズムの考察は見当たらない。

Holland[33]は、世界中のモトローラの支払データをロンドンとシカゴに集約し、このデータをシティバンク（ロンドン）と連携して、SWIFTのデータに変換して支払いを行う事例を紹介している。経営管理の観点から、キャッシュ・マネジメントに関する内部情報を重視し、企業戦略上効果をもたらす取引の流れと資金の流れに焦点を当てて、必要な時期に必要な資金を提供して、運転資金を一元管理する必要性を論じている。また、グループ会社間の債権債務の差額を相殺するネッティングに関する考察がある。

Westerman[34]は、ロイヤル・フィリップスのキャッシュ・マネジメントを取り上げている。同社はユーロ圏ではアムステルダムとハンブルクにインハウスバンクを設置し、1999年からキャッシュ・プーリング、ネッティングを実施している。また、アムステルダムではシティバンクとバンク・オブ・アメリカと提携して、全世界の約1100社を対象にペイメント・ファクトリー（CMS支払代行）を実施し、2002年には1995年に比べて、約720億円の財務コスト削減を実現したことを紹介している。また、Von Eijと同様に、「金融自由化と規制緩和がキャッシュ・マネジメントの集中化に拍車をかけて、銀行離れが現実のものとなっている」と指摘している。

西山[35]は、グループ経営とキャッシュ・マネジメント、さらにはCMSに

---

[33] Holland［1994］
[34] Westerman［2005］
[35] 西山［2013］

ついて総合的な考察をしている。また、ネッティングがCMS支払代行の一形態として紹介されており、インハウスバンクへの貸借勘定へ付け替えるネッティングを紹介している。しかしながら、この手法を採用すれば、なぜ債権債務が相殺できるのかについて十分な考察がなされているとはいえない。

　岡部[36]は、キャッシュ・マネジメント活用によるコスト削減方法のなかで、国をまたぐ債権債務の相殺でその差額を決済するネッティングとグループ内取引を会計帳簿上で精算する方法について考察を加えている。しかし、本書で新たに提示するキャッシュ・プーリングを活用したネッティング（口座統制によるネッティング）については言及されていない。

36　岡部［2014］

著者略歴

福嶋　幸太郎（ふくしま・こうたろう）

1959年大阪市生まれ、1983年大阪市立大学商学部卒業、大阪ガス㈱入社、1999年同志社大学大学院商学研究科博士前期課程修了、2001年同志社大学大学院法学研究科博士前期課程修了、2007年大阪ガス㈱経営企画本部財務部連結管理チームマネジャー、2010年大阪ガス㈱経営企画本部経理業務部長、2014年大阪ガスファイナンス㈱代表取締役社長（現任）、2017年滋賀大学経済学部客員研究員（現任）、2018年京都大学大学院経済学研究科博士後期課程修了、京都大学博士（経済学）

（資格）　　税理士、行政書士、宅地建物取引士
（所属学会）関西ベンチャー学会、日本金融学会、日本情報ディレクトリ学会、
　　　　　　証券経済学会、日本経営財務研究学会
（連絡先）　fukutaro2960@gmail.com

連結経営実現のための
キャッシュ・マネジメント・システム

2018年12月13日　第1刷発行

著　者　福　嶋　幸太郎
発行者　倉　田　　　勲

〒160-8520　東京都新宿区南元町19
発　行　所　一般社団法人 金融財政事情研究会
企画・制作・販売　株式会社きんざい
　　出版部　TEL 03(3355)2251　FAX 03(3357)7416
　　販売受付　TEL 03(3358)2891　FAX 03(3358)0037
　　URL https://www.kinzai.jp/

DTP・校正：株式会社アイシーエム／印刷：株式会社日本制作センター

・本書の内容の一部あるいは全部を無断で複写・複製・転訳載すること、および磁気または光記録媒体、コンピュータネットワーク上等へ入力することは、法律で認められた場合を除き、著作者および出版社の権利の侵害となります。
・落丁・乱丁本はお取替えいたします。定価はカバーに表示してあります。

ISBN978-4-322-13422-3